Berndi Broter und der Kasten der Katastrophen

BRIEGEL
DER BUSCH

BERND
DAS BROT

CHILI
DAS SCHAF

Berndi Broter
und der Kasten der Katastrophen

Ein Roman von Karin Schramm

Bibliografische Information Der Deutschen Bibliothek
Die Deutsche Bibliothek verzeichnet diese Publikation in der
Deutschen Nationalbibliografie; detaillierte bibliografische Daten
sind im Internet über http://dnb.ddb.de abrufbar.

Die Buchadaption „Berndi Broter und der Kasten der Katastrophen"
basiert auf dem gleichnamigen Original-Drehbuch von Tommy
Krappweis und Norman Cöster, verfasst für CHILI TV.
Produziert von MediaPark Film und Fernsehproduktions GmbH in
Zusammenarbeit mit bumm film GmbH im Auftrag des Kinderkanal
von ARD und ZDF.
Puppengestaltung Chili: Robert Rebele
Puppengestaltung Briegel / Bernd: Georg Graf von Westphalen,
Ross Franks, Meewon-Cho Franks

© Kinderkanal ARD/ZDF 2004
licensed by BAVARIA SONOR, Bavariafilmplatz 8,
D – 82031 Geiselgasteig
Koordination: Maik Schmidt, Silvia Kaufer

1. Auflage 2004
© der Buchausgabe: Egmont vgs verlagsgesellschaft mbH
Alle Rechte vorbehalten.
Redaktion: Susanne George
Redaktion KI.KA: Carsten Schulte
Produktion: Verena Tenzer
Umschlaggestaltung: Félix Koch (Artwork), Sens, Köln
Titelfotos: Bernd Lammel
Bildbearbeitung und -redaktion: Harald Helmut Weiss,
Galteor Kommunikation, www.galteor.com
Screenshots: Hannelore Weiss, Galteor Kommunikation
Satz: Greiner & Reichel, Köln
Druck: Printed in Germany
ISBN 3–8025–3425–5

Besucht unsere Homepages:
www.vgs.de
www.kika.de

Inhalt

Die Zauberkugel 7
Post für Bernd 12
Ein Zauberstab für Bernd 24
Bernd auf dem achteinhalbten Gleis 37
Willkommen auf Blockharz 42
Schulanfang 52
Duell der Zauberer 68

Die Zauberkugel

In einem weit abseits von jedem Ort gelegenen Schloss war ein Zauberer in seine Arbeit vertieft. Er hieß Professor Dumdidum und leitete die Zauberschule Blockharz. Das tat er schon sehr lange – und inzwischen war er steinalt und leider auch ziemlich verwirrt. So passierte es gar nicht selten, dass er magische Formeln durcheinander brachte, aus Versehen harmlose Eichhörnchen in Monster verwandelte und beim Brauen magischer Tränke sein gesamtes Labor in Schutt und Asche legte.

An diesem Morgen erst hatte sich Dumdidum aus seinem Bett direkt in den Badezuber zaubern wollen und war prompt in einem stinkenden Schweinetrog auf dem Schlosshof gelandet. Wieder einmal hatte er den falschen Zauberspruch gewählt! Voller Verärgerung über seine Schusseligkeit war er schließlich wie jeder andere Mensch auch zu Fuß ins Badezimmer gegangen und in den Zuber gestiegen.

Danach hatte sich Dumdidum in eines der zahlreichen Zimmer zurückgezogen, die es in dem riesigen alten Gemäuer gab. In einen schweren roten Umhang gehüllt, saß er an einem Schreibpult und grübelte über einige magische Formeln, die auf einer großen Tafel standen. Das Entziffern der seltsamen Schriftzeichen fiel ihm schwer, und was sie alle zusammen bedeuten sollten, das wollte ihm einfach nicht einleuchten. Zuerst hatte Dumdidum gedacht, es sei ein Kochrezept für siebeneckige Nudeltaschen in Krötensoße, aber das konnte es auch nicht sein. Außerdem wusste er nicht, wer dieses wirre Zeug überhaupt dahin geschrieben hatte. War er es womöglich selbst gewesen, gestern, letzte Woche oder irgendwann bei einer nächtlichen Schlafwandeltour? Verflixt noch mal, warum konnte man sich nicht einfach einen neuen Kopf herbeizaubern? Immer wieder schimpfte Dumdidum still vor sich hin.

Dieses Zimmer war es, in dem der Zauberer seine Studien betrieb und sich in der hohen Kunst der Magie übte. Das nahm ihn so sehr in Anspruch, dass er nie Zeit zum Aufräumen fand. Und so herrschte hier ein wirklich heilloses Durcheinander. Auf den Tischen befanden sich allerlei komplizierte Instrumente, die ein Zauberer wohl brauchte, auch wenn man nicht so recht erkennen konnte, wozu sie eigentlich dienten. Dazwischen standen Glaskolben, die mit übel riechenden Flüssigkeiten gefüllt waren, und Einmachgläser, in denen Dumdidum Kräuter wie Stinkwurz, Pestblätter und Eulenkraut aufbewahrte. Mitten in dem Chaos stand auch ein Mikroskop, das allerdings völlig verrostet und verstaubt war, denn um Dumdidums Sehvermögen stand es auch nicht mehr zum Besten, weshalb er es schon lange nicht mehr benutzt hatte. Außerdem lagen im ganzen Raum dicke, zum Teil völlig vergilbte Zauberbücher herum, die er zu Rate zog, wenn er – und das geschah immer öfter – einfach nicht mehr weiterwusste.

Auch jetzt hatte der Zauberer schon überall nachgeschlagen, doch er konnte sich einfach keinen rechten Reim machen auf das, was auf der Tafel geschrieben stand. Zu merkwürdig erschien ihm die Botschaft dieser Zeichen. Vor allem das letzte – ein Kasten mit Händen, Füßen, Augen und Mund – gab ihm Rätsel auf.

Immer wieder wanderte Dumdidums Blick auf ein Amulett, das er in der Hand hielt. Die Schriftzeichen auf der Tafel hatten etwas mit dem Anhänger zu tun, das war klar, aber so recht erklären konnte er sich das Ganze immer noch nicht.

Um dieses Amulett drehte sich im Moment sein ganzes Streben, denn es war von großer Wichtigkeit, besaß es doch ungeheure Macht. Und die durfte auf keinen Fall in die falschen Hände geraten. Das musste der Zauberer um jeden Preis verhindern.

Nun jedoch stieß er einen wütenden Fluch aus. Die Zeilen sagten Mal für Mal das gleiche.

„Was ist denn das für ein Mist? Was soll damit gemeint sein – ein kastenförmiger Zauberer muss her, um das Amulett zu schützen?", murmelte Dumdidum in seinen langen weißen Bart hinein. Nachdenklich zog er die Stirn in Falten. „Wo soll ich denn so etwas herkriegen?" Er sah sich vor eine schier unlösbare Aufgabe gestellt. Trotzdem – das Amulett musste unbedingt geschützt werden. Hastig begann er in einem völlig zerfledderten Lexikon zu blättern, das den Titel „Erste Hilfe bei unentschlüsselbaren Zaubersprüchen" trug.

Dumdidum blickte kurz auf. Was wollte er noch mal suchen? Ach ja, „Kastenförmiger Zauberer". Aber diesen Eintrag gab es nicht. Seine Augen hinter der goldgeränderten Brille flogen über die Seiten. „Käsetorte, Kasperle, Kastagnetten, ja toll!" Das war alles, was dieses Buch hergab. Lag es vielleicht daran, dass sein Exemplar dreihundert Jahre alt und deshalb nicht mehr auf dem neuesten Stand war? Mit einem Ruck klappte er den Wälzer zu. So kam er einfach nicht weiter.

„Ach, ich muss mich ablenken", sagte er schlecht gelaunt

und klopfte mit dem dünnen Stab, den er in der anderen Hand hielt, gegen eine gläserne Zauberkugel, die vor ihm auf dem Tisch stand. Diese Kugel ermöglichte es ihm, Dinge zu sehen, die sich an jedem beliebigen Ort dieser Welt zutrugen. Und nicht nur das: Er konnte mit ihrer Hilfe auch seine berühmten Vorbilder Merlin und den magischen Max in manchen Fällen um Rat fragen, bedeutende Ereignisse aus längst vergangenen Zeiten wie die „267. Außerordentliche Zusammenkunft der einbeinigen Zauberlehrer" Revue passieren lassen und einen Blick in die Zukunft werfen. Dumdidum wollte diese Glaskugel nicht missen, zumal sie auch noch wie ein ganz normaler Fernsehapparat funktionierte, mit dem er jedes Programm empfangen konnte.

„Televisor glotzalis!", rief er mit lauter Stimme.

Sofort begannen bläuliche Bilder in dem Rund der Kugel zu flackern, begleitet von Musik und Stimmen. Doch was er sah, gefiel dem Zauberer gar nicht: Reklame, ein Werbespot nach dem anderen ... und noch dazu für Sojapudding, Abflussreiniger und aufrollbare Fußmatten!

Dumdidum sieht den „kastenförmigen Zauberer" in seiner Kugel.

Er klopfte ein weiteres Mal mit dem Stab gegen die Kugel. Ein neues Bild tauchte auf, nun jedoch eines, das ihn sogleich mit ungläubigem Staunen erfüllte. Er war bei einem Sender mit einem ziemlich komischen Namen gelandet. „KI.KA" – was das wohl zu bedeuten hatte?

„Moment mal! Was ist denn das?" Dumdidum schaute genauer hin, doch er hatte sich nicht getäuscht. „Ha, das ist die Lösung!" Er hatte ein Brot gesehen, ein kastenförmiges Brot mit zwei tischtennisballgroßen Augen, die nichts Gutes ahnend aus der Kugel hinausblickten. Dies musste das Wesen sein, von dem in den rätselhaften Zeilen auf der Tafel die Rede war!

Dumdidum lachte erleichtert auf. Dann griff er eilig nach einer Schreibfeder und begann einen Brief zu verfassen. Das dauerte eine Weile, weil er sich andauernd verschrieb. Aber er wollte nicht eher ruhen, bis dieses Ding hier bei ihm im Schloss war.

Post für Bernd

Bernd saß in seiner Garderobe in den Studios vom KI.KA, einem Fernsehsender in Erfurt. Genau genommen war es nicht nur seine Garderobe, sondern auch die von Chili dem Schaf und Briegel dem Busch. Aber zum Glück war von den beiden Bekloppten weit und breit nichts zu sehen. An diesem Tag wurde keine neue Sendung aufgenommen, was Bernd sehr gelegen kam, denn so musste er weder ein albernes Kostüm anziehen noch irgendein blödes Lied singen.

Nun war Bernd also allein und saß auf dem großen orangen Sofa, das in dem Raum stand. Die Lichter waren bis auf eine kleine Lampe ausgeschaltet, es war weder zu warm noch zu kalt. Bernd gefiel es, endlich einmal ungestört zu sein. Keiner redete, nichts flog durch die Luft, nichts explodierte, nichts machte „Bumm" oder „Blamm". Einzig das wohltuend gleichmäßige Ticken einer Uhr erfüllte den Raum.

Mit einem leisen Seufzer ließ er sich in die Kissen zurücksinken. „Ah, diese Ruhe! Nichts als Stille, ein Sofa und meine Lieblingszeitschrift ‚Die Wüste und du'. Das ist ... " Bernd suchte nach dem richtigen Wort. „... fast *schön.*" Er wunderte sich selbst darüber, dass ausgerechnet er diesen Ausdruck in den Mund nahm, doch in diesem Moment war er ausnahmsweise genau zutreffend.

Plötzlich zuckte Bernd zusammen. Er hatte etwas gehört. Zuerst wusste er nicht, woran ihn dieses Geräusch erinnerte, dann jedoch fiel es ihm ein. Es klang wie der Schrei eines Vogels.

Den Schatten, der über ihn hinweghuschte, bemerkte er nicht. Wohl aber, dass ihm im nächsten Moment etwas auf seinen Kastenkopf fiel. Dieses Etwas leuchtete kurz auf, doch auch das entging dem Brot, denn wie sollte es auch sehen, was auf seinem Kopf geschah?

Weil er mit seinen kurzen Armen an das mysteriöse Ding nicht herankam, bewegte sich Bernd einige Male ruckartig zur Seite, bis neben ihm etwas auf das Sofa fiel. Es war ein Brief. In verschnörkelten Buchstaben stand eine Anschrift darauf.

„An: Bernd, das Brot. KI.KA, Erfurt", las Bernd und wurde nun – was ihm nicht oft passierte – neugierig. Mit etwas Mühe gelang es ihm, den Brief umzudrehen, um nachzusehen, wer ihn abgeschickt hatte. „Absender: Blockharz-Zauberschule für angewandte Magie und praktisches Hexentum ..."

Bernd ließ den Umschlag fallen, als habe er sich gerade die Finger verbrannt. Dieses Schriftstück war ganz offensichtlich für ihn bestimmt – doch mit einer Zauberschule wollte er auf keinen Fall etwas zu tun haben. Zauberschule, Magie und Hexerei – das klang nach ganz großem Mist!

Starr blickte er den Brief neben sich noch einmal an. Ein bläuliches Schimmern ging davon aus. Jetzt beschloss Bernd, diese Post erst recht zu ignorieren.

„Vergiss es. Ich werde dich nicht öffnen, Brief. Egal, wie sehr du funkelst. Im Gegenteil. Je mehr Sachen du machst, die andere Briefe nicht machen, desto weniger bin ich bereit, dich zu öffnen. So!"

Entschlossen schaute das Brot in die entgegengesetzte Richtung. Wegschauen half im Zweifelsfall immer. In dem Raum hörte man wieder nur das Ticken der Uhr.

Nach einer Weile jedoch wanderte Bernds Blick sehr langsam und ohne dass er es eigentlich wollte, erneut in die Richtung des Briefes. Er war noch da, lag so nah neben ihm, dass er eigentlich nur die Hand danach hätte ausstrecken müssen …

Irgendetwas magnetisch Anziehendes ging von dem Stück Papier aus, was Bernd zutiefst beunruhigte.

„Vergiss es!", sagte er erneut zu dem Brief, als könne dieser ihn verstehen. „Ich schaue jetzt da rüber." Mit einem Ruck wandte er sich ein zweites Mal ab.

Augenblicke später ertönte wieder der Schrei eines Vogels. Bernd schaute hoch und sah gerade noch eine Eule davonflattern. Wie zum Geier kam ausgerechnet eine Eule in diese Garderobe, die nicht ein einziges Fenster hatte?

Da segelte auch schon ein weiterer Brief herab. Er zog eine schimmernde Spur hinter sich her, die schnell verblasste. Dann landete er auf dem Sofa – neben Bernd, nur diesmal auf der anderen Seite.

Wie versteinert saß das Brot jetzt genau zwischen den beiden Schriftstücken. Die Briefumschläge sahen sich zum Verwechseln ähnlich und leuchteten immer wieder wie Signallampen an einem Bahnübergang auf, als wollten sie ihm ein Zeichen geben, sie endlich aufzumachen.

Jetzt reichte es Bernd! „Also, an wen auch immer!", hob er an. „Bernd das Brot öffnet keine bläulich schimmernde Post aus der Zauberschule! Niemals und nimmer! Nie! Vergesst es! Und nichts und niemand wird ihn dazu bringen." Er machte eine kurze Pause und rief mit lauter Stimme in den Raum: „Auch keine nervigen Eulen, die irgendwelche Post abwerfen! Jawohl! Die erst recht nicht. Hugh, ich habe gesprochen."

Mit einem entschiedenen Nicken schaute sich Bernd um. Dann richtete sich sein Blick wieder ins Nichts. Der Tag hatte so gut angefangen – warum konnte man ihn nicht einfach in Ruhe lassen?

Einen Moment lang blieb es auch tatsächlich ruhig – bis erneut Vogelgeschrei zu hören war, allerdings viel lauter als beim ersten Mal. Diesmal war es nicht eine Eule, nein, gleich mehrere flatterten laut kreischend durch den Raum. Und ihre Zahl schien beständig größer zu werden. Bernd hatte keine Ahnung, wo die verflixten Biester auf einmal herkamen.

Plötzlich stürzte ein ganzer Berg von Briefen auf ihn hi-

Bernd wird von nervigen Eulen mit Post zugeschüttet.

nab. Bernd zuckte zusammen – da krachte auch schon die nächste Ladung aufs Sofa. Und noch eine ... und noch eine ... Es waren so viele Briefe, dass er fast darunter begraben wurde. „Ich hasse Zauberschulen!", rief er und duckte sich.

Doch es war vergeblich. Wieder traf ihn ein ganzer Stapel Briefe mit vollem Karacho genau auf den Kopf. Und gleich noch einer ... Es mussten Tausende sein! Kein Popstar hatte jemals mehr Post auf einmal bekommen.

Dann endlich kehrte Ruhe ein. Bernd war fix und fertig. Er saß mitten in einem riesigen Haufen von Briefen, die noch dazu alle zusammen blau aufleuchteten. Er fühlte sich regelrecht bedrängt von diesem nervenden Blinken, das immer hektischer wurde.

Was nun? Mit einem verzweifelten Satz von dem Sofa brachte sich Bernd erst einmal in Sicherheit. Dann dachte er kurz nach. Auf keinen Fall durfte jemand mitbekommen, was hier geschehen war, schon gar nicht der Busch und das Schaf. Die beiden Verrückten würden nur auf dumme Ideen kommen und Bernd wollte auf keinen, auf *gar* keinen Fall irgendetwas mit dieser Zauberschule zu tun bekommen.

Da gab es nur eine Lösung – er musste die Briefe verstecken. Kurz entschlossen stopfte Bernd die Umschläge in den Kleiderschrank, der in einer Ecke der Garderobe stand. Dort waren sie hoffentlich vor der grenzenlosen Neugier seiner Freunde sicher.

Als er dies geschafft hatte und die Tür des Schranks schloss, atmete Bernd erleichtert auf. Jetzt fühlte er sich schon wesentlich besser.

Bernd war mit seiner Arbeit keine Sekunde zu früh fertig geworden. Kaum wollte er sich endlich wieder auf das Sofa setzen, stürmten auch schon Chili und Briegel ohne anzuklopfen in die Garderobe.

Wie immer sprühten sie nur so vor Tatendrang.

Chilis rote Zöpfe wippten bei jedem Schritt wild hin und her. „Hallo Bernd!" Sie freute sich sichtlich, ihn zu sehen.

Auch Briegel war bester Laune. „Na, alte Kruste?", begrüßte er seinen Freund und kicherte vergnügt vor sich hin.

Chili grinste. „Ich habe gerade zu Briegel gesagt, Mensch, der Bernd, der langweilt sich bestimmt ohne uns! Und da dachten wir, schauen wir doch mal vorbei." Das Schaf blieb neben Briegel stehen.

„Und da sind wir!", tröteten die beiden wie aus einem Munde – zu laut, wie immer.

Bernd hievte sich schnell auf das Sofa zurück. Er fühlte sich beinahe ertappt. Einen Moment lang wusste er nicht, was er sagen sollte. „Oh, ach … ihr schon? Hier? Wenn ich das gewusst hätte, dann, dann hätte ich …" Seine Gedanken fuhren Achterbahn. Wie konnte er die beiden nur wieder loswerden? Auf keinen Fall durften sie merken, welches Chaos noch vor wenigen Minuten in der Garderobe getobt hatte. Deshalb versuchte er betont unschuldig und ahnungslos zu tun. „Ja, also, *hallo!*" Genau, erst mal ganz normal begrüßen.

Chili beugte sich vor und klopfte Bernd auf den Kastenkopf. „Na, alles klar?"

„Ja, ja. Alles klar", beeilte sich Bernd zu sagen. Mehr fiel ihm aber auch nicht ein. Wenn die beiden doch bloß verschwinden würden! Da kam ihm in seiner Not ein glänzender Gedanke. „Ihr müsst ja dringend weg, nicht wahr? Oder? Na ja, macht ja nix. Ciao!", versuchte er sie abzuwimmeln.

„Okay dann, tschau-au!", riefen Chili und Briegel und wandten sich zum Gehen.

Bernd war sprachlos. So einfach konnte man die beiden loswerden? Hurra! Das Schicksal schien es heute doch noch gut mit ihm zu meinen!

Doch plötzlich hielten Chili und Briegel mitten in der Bewegung inne und wechselten einen irritierten Blick.

„Äh, wir müssen aber nirgends hin, Berndi!" Chili sah das Brot mit großen Augen an.

„Ah, schade … Ich meine, gut. Ja, wie schön." Nervös rutschte Bernd auf dem Sofa hin und her. Und unternahm einen neuen Versuch: „Wo doch draußen so ein schönes Wetter ist. Was man da nicht alles … äh, Spaßiges … machen kann, da draußen, nicht wahr?"

Briegel brach in schallendes Gelächter aus. „Tsähää, ja ja, Berndi! Schon mal rausgeschaut? Es gießt wie aus Kannen!" Er schüttelte den Kopf, dass die Blätter nur so raschelten. „Man könnte höchstens auf dem Parkplatz Schlauchboot fahren!" Der Busch fand diese Vorstellung echt komisch.

Ohne auch nur eine Sekunde nachzudenken, ging Bernd darauf ein. „Ja, tolle Idee, nicht wahr? Ihr könnt gerne mein Schlauchboot nehmen, wenn ihr wollt, es steht draußen bei meiner Schwimmweste, gleich neben meinem Verbandskasten! Nehmt nur, nehmt!" Bernd merkte gar nicht, dass er sich gerade um Kopf und Kasten redete. „Ihr werdet euch doch von dem bisschen Regen nicht aufhalten lassen, oder? Also dann! Viel Spa-haß und Tschü-üss!"

Was faselte Bernd denn da? Chili und Briegel begannen sich immer mehr zu wundern. Und sie waren – was nicht oft geschah – sprachlos.

Noch gab Bernd nicht auf. „Bis ba-ald." Doch als er die Gesichter der beiden sah, die ihn weiterhin stumm anstarrten, dämmerte ihm, dass er so nicht weiterkam. „Ihr habt nicht wirklich Lust, auf dem Parkplatz Schlauchboot zu fahren, was?", fragte er lahm.

„Nein", antworteten Chili und Briegel einstimmig, ohne den Blick von Bernd zu wenden. Wie kam ihr Freund nur darauf, dass sie ausgerechnet jetzt hinaus in den Regen wollten?

Einen Moment lang herrschte betretenes Schweigen in dem Raum.

Bernd fühlte sich immer unwohler in seiner Kruste. Aber noch gab er nicht auf. „Und wenn ich euch ganz fest darum bitte?", fragte er beinahe flehend.

Nun machte sich Chili ernsthaft Sorgen um ihn. „Was ist denn mit dir los, Berndi? Geht's dir nicht gut?"

„Ja! Genau!" Das war die rettende Idee. Endlich kam wieder Leben in Bernd. „Das ist es! Muss ich vergessen haben! Ich, äh, habe ... Windpocken!" Er hustete und versuchte, einen möglichst leidenden Eindruck zu machen. „Oh, wie das kratzt im Hals und es juckt überall." Wieder rang er sich ein paar Huster ab und rutschte hektisch auf dem Sofa herum. „Ihr müsst jetzt schnell gehen, weil ... weil ihr euch sonst bestimmt ansteckt und ..."

Bernd verstummte und schaute panisch auf ein kleines Gerät, mit dem ihm Briegel vorm Gesicht herumfummelte. Das Ding hatte eine Digitalanzeige und gab in regelmäßigen Abständen ein schrilles Piepsen von sich. Dazu blinkten – aus welchem Grund auch immer – rote und blaue Lämpchen auf.

Ist Bernd wirklich krank? Das ‚Briegelotron' gibt Auskunft.

Das Brot wurde ganz nervös. „Was machst du da, Busch?"

Briegel blickte höchst fasziniert auf das ‚Briegelotron' in seiner Hand. Dieses Wunder der Technik gehörte zweifellos zu den herausragendsten Erfindungen. Mit wichtiger Miene las er die Werte ab, die das Gerät ihm anzeigte. „Also, meine medizinischen Messdaten auf dem ‚Briegelotron' sagen, du bist bei bester Gesundheit, Berndi!"

„Überhaupt nicht!", protestierte das Brot.

Briegel ließ sich nicht aus der Ruhe bringen. „Mehlkonzentration perfekt …"

„Gar nicht."

„Wassergehalt glänzend."

„Ganz niedrig." Wie war es überhaupt möglich, dass man so etwas erkennen konnte? Die Höllenmaschinen vom Busch funktionierten doch sonst so gut wie nie …

„Laune schlecht", fuhr der Busch fort und nickte zufrieden. So kannte er seinen Freund, das Brot.

„Ach was! Bestens!"

„Vielleicht ein bisschen nervös."

„Nein, nein, nein!" Bernd wusste nicht mehr, was er sagen sollte.

„Alles wie immer. Keine Windpockeninfektion zu erkennen!" Briegel strahlte. Das war eine Diagnose ganz nach seinem Geschmack. Bernd hatte sich mal wieder vollkommen grundlos Sorgen gemacht. Wie gut, dass das Brot einen Freund wie ihn, den Busch, hatte.

„Wie wäre es mit Fieber messen?", schlug Bernd schnell vor. Er ahnte, dass er gerade seine letzte Chance verspielt hatte, die beiden doch noch dazu zu bewegen, ihn allein zu lassen – falls er überhaupt je eine gehabt hatte.

„Ach, Berndi, dann hättest du doch überall rote Flecken, oder?", warf Chili ein, die sich das Brot genauer angeschaut hatte, ohne irgendwelche Anzeichen einer Erkrankung feststellen zu können.

„Ja, ja, genau, die habe ich auch, ich meine ..." Bernd geriet ins Stottern. „Ich *hatte* sie."

„Ach so." Chili winkte ab. „Dann bist du ja auch nicht mehr ansteckend."

„Ich meine, ich hatte sie *noch nicht*."

„Also *noch nicht* ansteckend?" Dann war ja alles in Ordnung, fand Chili.

„Ja, nein ... Ich meine, die ... das ... weil ... äh ... Mist!" Bernd musste wohl oder übel einsehen, dass er sich hoffnungslos in der Mutter aller Sackgassen verrannt hatte. Aus dieser Geschichte kam er nicht mehr heraus. Er presste die Lippen aufeinander und zog es vor, gar nichts mehr zu sagen.

Ratlos standen Chili und Briegel da und musterten Bernd. Diesmal machte er es ihnen aber wirklich besonders schwer.

„Er ist heute echt komisch, oder?", flüsterte Chili Briegel zu.

„Ja, komischer als sonst, das stimmt." Briegel schüttelte den Kopf. Er konnte sich das auch nicht erklären.

Bernd verzog das Gesicht, schwieg aber. Es hatte eh alles keinen Zweck.

„Na ja", meinte Chili, die keine Lust mehr hatte, sich noch länger mit Bernds schlechter Laune zu beschäftigen. Bestimmt hatte das Brot einen Grund, sich so merkwürdig zu verhalten, doch das würde sich sicher schon bald wieder legen. Chili war da zuversichtlich. Der arme Berndi war eben manchmal nicht gut drauf.

„Ich werde jetzt mal meine Stunt-Pullover waschen gehen", verkündete sie. „Die sind so voller Schlamm vom Motorradfahren, die stehen schon von ganz allein im Schrank!" Kichernd gab sie Briegel einen Schubs in die Seite. Dann ging sie fröhlich auf den Kleiderschrank zu.

„NEIN! NICHT – DEN – SCHRANK!!!!!", rief Bernd. Blankes Entsetzen stand ihm ins Gesicht geschrieben. Das *durfte* nicht sein! *Alles,* nur *das* nicht!

Todesmutig stürzte sich das Brot vom Sofa hinunter, um Chili aufzuhalten. So schnell er konnte, kastete er hinter dem Schaf her – doch es war zu spät.

Chili hatte den Schrank bereits erreicht und öffnete ihn. Im selben Augenblick stürzte eine ganze Lawine von Briefen auf sie nieder, die gar kein Ende mehr fand. Chili war so verdutzt, dass sie einfach stehen blieb. Bald war sie unter einem Berg aus Papier begraben, der einen magischen Moment lang bläulich aufleuchtete.

„O nein!" Endlich war Bernd auch an dem Schrank angelangt. So sehr hatte er gehofft, die Sache mit den Briefen vor seinen Freunden geheim halten zu können – doch das war gründlich danebengegangen.

Dumpf drang Chilis Stimme aus dem Haufen hervor. Offenbar hatte sie sich von dem ersten Schreck erholt. Noch unter den Briefen liegend, versuchte sie zu entziffern, was darauf stand.

„Blockharz? Magie? Hexerei?" Zuerst schoss ihr Kopf mit den feuerroten Zöpfen aus dem Papierberg hervor, dann folgte der Rest. Chili war außer sich. In der Hand hielt sie einen Brief, den sie Bernd entgegenstreckte.

Da das Brot reglos dastand und keinerlei Anstalten machte, das Schriftstück anzunehmen, öffnete Chili den Umschlag kurzerhand selbst. Sie überflog die Zeilen und konnte kaum glauben, was sie da las. „Bernd! Du bist aufgenommen in eine Zauberschule!" Chili vollführte einen regelrechten Freudentanz, während sich Bernds Miene immer mehr verfinsterte.

„Wow, sie haben dich ausgewählt, weil du der *Auserwählte* bist!" Begeistert klatschte sie in die Hände. „Uiii! Können Briegel und ich da mitkommen?"

Nun kam auch Briegel herangeeilt und warf einen schnellen Blick auf den Brief in Chilis Händen. Was dort zu lesen stand, erschien ihm höchst vielversprechend. In seiner Fantasie malte er sich bereits aus, was für tolle Experimente und Briegeleien er auf einer Zauberschule durchführen könnte.

Bernd seufzte. Was half es jetzt noch zu leugnen? „Ich wollte dort überhaupt nicht aufgenommen werden", beteuerte er. „Aber jetzt, da ihr Bescheid wisst, besteht da auch nur der Funken einer Chance, euch davon abzuhalten, mich dort hinzuschleifen?"

Chili und Briegel antworteten wie aus der Pistole geschossen. „Nein!!!"

„Na dann …"

Die beiden brachen in Jubelgeschrei aus.

„Hurra!"

„Auf nach Blockharz!"

Sofort griff sich jeder von ihnen einen Koffer. Die beiden wollten keine unnötige Zeit verschwenden und unverzüglich packen. Nebeneinander standen sie vor dem Schrank und rupften wahllos Sachen heraus: Luftmatratzen, einen Schwimmreifen, Taschenlampen, Pudelmützen und sogar einen Eierkocher. Was sie nicht gebrauchen konnten, flog im hohen Bogen durch die Luft und landeten auf dem Boden.

Bernd stand hilflos daneben. Er ahnte, dass diese Entwicklung der Dinge nur eines bedeuten konnte: die Hölle. Und darauf hatte er nicht die geringste Lust. Wenn es nach ihm gegangen wäre, hätte er jetzt noch immer auf dem Sofa gesessen und vielleicht „Die langweiligsten Bahnstrecken Deutschlands" im Fernsehen geschaut oder das Testbild Nowosibirsk. Doch wieder einmal war alles anders gekommen – war ja klar.

Was sollte er dazu noch sagen?

„Simsalamist!"

Ein Zauberstab für Bernd

Einige Zeit später standen Bernd, Chili und Briegel in einem Laden, in dem es angeblich alles zu kaufen gab, was zukünftige Zauberschüler und ausgebuffte Magier brauchten. Der düstere Raum war bis hoch zur Decke voll gestopft mit beschrifteten Kästen, schwarzen Zylinderhüten, Glaskugeln, Totenköpfen, ausgehöhlten Kürbissen und anderen seltsamen Dingen. Auf einem Regal standen große Gläser, in denen Kräuter und vertrocknete Salamander und Koschenilleläuse lagerten. Auch Gummimesser gab es, blutige Fingerattrappen, Hexenmasken, Hundehäufchen aus Plastik und allen möglichen anderen Plunder. Die drei entdeckten jede Menge Sachen, die sie noch niemals zuvor gesehen hatten.

Bernd fand diesen Laden schlichtweg lächerlich. Chili und Briegel dagegen konnten sich kaum satt sehen an den vielen merkwürdigen Gegenständen. Beinahe ehrfürchtig blickten sie sich mit großen staunenden Augen um.

Sie waren hierher gekommen, um die notwendigsten Schulsachen zu kaufen, bevor sie sich auf den Weg zur Blockharz-Zauberschule machen konnten. Bernd hatte sich natürlich gesträubt, wie er es immer tat, wenn es darum ging, ein spannendes Abenteuer zu erleben. Aber Chili und Briegel hatten ihn einfach in die Mitte genommen und mitgeschleift.

Nun trottete Bernd schlecht gelaunt hinter den beiden her. Er hatte ein abgewetztes Ledertäschchen an einem Band um seinen Kastenkörper baumeln, in dem sich sein gesamtes gespartes Geld befand. Eigentlich war es dazu gedacht, eines Tage möglichst weit weg von dem bekloppten Schaf und dem irren Busch zu kommen. Vielleicht reichte es ja für eine Reise zum Mond – oder sogar für ein One-Way-Ticket nach Bielefeld – da suchte einen garantiert niemand.

„Schaf, was wollen wir hier eigentlich?", fragte Bernd.

Chili drehte sich zu ihm um. „Na, was wohl? In dem Brief von der Zauberschule steht, dass du einen Zauberstab kaufen musst, wenn du auf die Zauberschule willst!"

„Erstens *will* ich überhaupt nicht auf eine Zauberschule. Und zweitens glaube ich nicht, dass wir hier richtig sind bei ... ,Fritz, dem lustigen Zauberkönig'." Bernd sprach den Namen des Ladens aus, als ob ihm gleich schlecht werden würde.

„Natürlich sind wir hier richtig! Wo denn sonst?", rief Chili. Sie rannte kreuz und quer durch den Laden und steckte die Nase in jede Ecke, damit ihr auch ja nichts entging.

„Keine Ahnung, ich habe noch nie einen Zauberstab gekauft!", entgegnete Bernd. Einmal ganz davon abgesehen, dass er sein mühsam Erspartes ganz und gar nicht für billigen Hokuspokus-Krempel verschleudern wollte.

„Na siehst du!" Chili hatte ein Buch mit Zauberformeln entdeckt, schlug es auf und blätterte darin herum.

Auch Briegel war inzwischen fündig geworden. Er hielt einen silbernen Zylinder in der Hand, der ihm sicher gut stehen würde, davon war er überzeugt.

Bisher hatte er dem Gespräch der beiden schweigend zugehört, doch nun mischte er sich ein. Bernd musste sich doch nur umschauen, um zu erkennen, dass sie hier goldrichtig waren. „Außerdem stimmt auch der Straßenname! Finkelgasse!", sagte er mit Nachdruck.

„Aber in dem Brief von der Zauberschule stand doch als Adresse nicht *Finkel*gasse, sondern *Win*– ..."

Ungeduldig unterbrach Briegel das Brot. „Ach was, die haben sich einfach verschrieben, Bernd! Und hier in der Finkelgasse gibt es sogar einen Zauberladen. Deshalb sind wir hier garantiert richtig."

Chili nickte zustimmend. Sie drückte Briegel das Zauberbuch in die Hand und hielt sich eine alberne Plastikmaske vors Gesicht, die wie ein Wolf aussehen sollte. Gute Idee, ein Schaf als Wolf! Wer weiß, vielleicht mussten sie sich in der Zauberschule auch mal verkleiden ...

„Herzlich willkommen bei Fritz, dem lustigen Zauberkönig!"

Plötzlich wurde in einer dunklen Ecke des Ladens ein mit goldenen Sternen bedruckter Vorhang ruckartig zur Seite geschoben. Ein Mann in einem schwarzen, viel zu großen und ziemlich abgetragenen Frack voller Flecken trat dahinter hervor. Auf dem Kopf trug er einen Zylinder, unter dem lange weiße Haare hervorquollen. Von seinem Gesicht war nicht viel zu erkennen, da es von einem struppigen Bart bedeckt wurde, der fast bis auf den Boden herabreichte.

Nicht zufällig wies der Mann eine deutliche Ähnlichkeit mit dem Zauberer Dumdidum aus dem Schloss auf, der vor noch gar nicht allzu langer Zeit, bei einem Blick in seine Zauberkugel, ein kastenförmiges Brot entdeckt hatte, von dem er sich so viel versprach. Bevor dieses Brot jedoch nach Blockharz kam, mussten erst noch ein paar Vorbereitungen getroffen werden …

Einer solch merkwürdigen Gestalt waren die Freunde noch nie begegnet. Offensichtlich handelte es sich bei ihm um den Besitzer des Ladens.

Der Mann grinste über das ganze Gesicht. „Hallöchen! Hallöchen! Herzlich willkommen bei Fritz, dem lustigen Zauberkönig! Na, wie kann ich euch helfen?", fragte er gut gelaunt und strahlte die drei mit seinem riesigen Gebiss an.

Chili und Briegel starrten ihn völlig gebannt an, während Fritz zielsicher auf Bernd zuging.

„Ha, ich weiß schon! Moment! Zigarette? Höhöhö!" Er wirbelte mit seiner Hand vor Bernds Kopf herum, zauberte wie aus dem Nichts eine Zigarette und präsentierte sie triumphierend. „Da staunst du, was?" Fritz lachte schallend. „Na ja, Rauchen ist sowieso ungesund, nicht wahr?" Er klopfte dem Brot auf den Kastenkopf und ließ mit einer schnellen Bewegung die Zigarette in den Tiefen seines Fracks verschwinden.

Bernd blieb vollkommen ungerührt. Dieser Trick musste ungefähr so alt sein, wie dieser Fritz aussah. Was konnte man auch schon von jemandem erwarten, der am Revers eine bunte Gummiblume trug, aus der Wasser spritzte, wenn man darauf drückte? Leidend verzog er das Gesicht. „Mann, ist der schlecht."

Chili hingegen war tief beeindruckt. „Oh! Wie haben Sie denn das gemacht?"

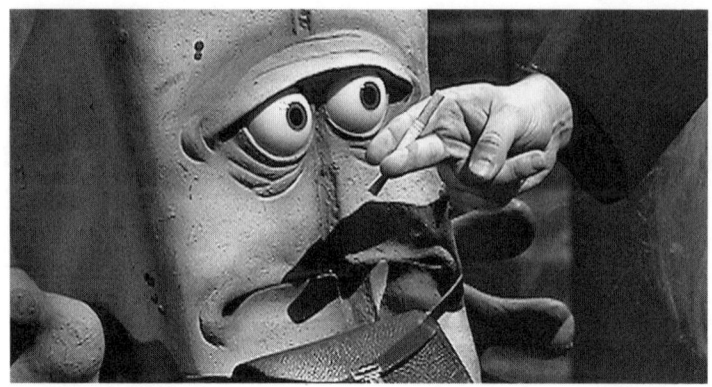
Bernd will keine hervorgezauberten Zigaretten. Er hasst Zigaretten.

„Tja, Magie!" Stolz strich sich Fritz über seinen verfilzten Bart.

Briegel hatte dem Zauberkönig genau auf die Finger geschaut. Und er glaubte erkannt zu haben, wie der Trick funktionierte. „Ach, das ist bestimmt ganz einfach!", meinte er. Schließlich konnte man ihm, dem technisch versierten Erfinder, nicht so schnell etwas vormachen.

Als er Chilis fragenden Blick auf sich ruhen spürte, wurde er jedoch unsicher, denn wirklich erklären konnte Briegel auch nicht, wie Fritz das angestellt hatte. Ein wenig kleinlaut setzte er nach: „Äh, könnten Sie das noch mal langsam machen?"

„Wozu?" Für Bernd war die Sache längst klar. Musste man den beiden Bekloppten denn wirklich ALLES erklären? Er seufzte. „Er hatte die Zigarette schon vorher in der hohlen Hand und hat sie dann nur ganz schnell ..."

„Ach ja!", unterbrach Fritz ihn. „Du bist wohl so ein ganz Schlauer, was?" Wenn dieses vorlaute Brot glaubte, dass das alles so einfach war, dann sollte es diesen Trick doch selbst einmal vormachen. Er klemmte dem überraschten Bernd eine Zigarette zwischen die Finger. „Na, dann mach du das doch mal!"

„Was ist denn das für ein Mist? Ein ‚kastenförmiger Zauberer'"?

Bernd ist allein. „Das ist …. fast *schön*."

Chili und Briegel machen sich Sorgen um Bernd.

Wie werde ich die beiden nur los?

Billige Kartentricks können Bernd nicht beeindrucken.

Und Hexenmasken sind bescheuert.

Erster Auftritt von Zauberer Dumdidum: Briegel und Chili staunen.

Bernd mit einem Zauberhut voller Katzenpipi auf dem Kopf.

Bernd blickte starr geradeaus. Jetzt machte diese Schießbudenfigur auch noch Witze auf seine Kosten. Denn für diesen Trick brauchte man längere Arme und eine Hand, die mehr konnte als seine. Aber egal, je eher er irgendeinen Mist mitmachte, desto schneller war es vorbei, so viel hatte er in den letzten Jahren wenigstens gelernt. „Zauber, zauber, hex, hex –sie ist wex", leierte Bernd seinen Spruch herunter und ließ die Zigarette einfach auf den Boden fallen. Das sollte reichen, diesem Fritz zu zeigen, was er von seinen stümperhaften Taschenspielertricks hielt. Nichts.

Doch Fritz baute sich triumphierend vor dem Brot auf. „Aha! Erst den großen Zampano markieren und dann ist nichts dahinter. Ja, ja, das haben wir gerne."

Natürlich hatte der Zauberkönig noch mehr Kunststückchen auf Lager. Es ging doch nichts über ein dankbares Publikum. Das musste er ausnutzen.

„Hoppla, was ist das?" Mit einer schnellen Handbewegung griff er hinter Bernd und zog eine Karte hervor. „Na, wer hätte das gedacht?" Fritz lächelte selbstgefällig. Er mischte die Karte unter ein ganzes Spiel und hielt dieses aufgefächert vor Bernd hin. „Sag eine Karte!"

„Eine Karte!", wiederholte Bernd.

Fritz nickte, mischte die Karten, zog eine heraus und schaute sie kurz an. „Aha! Und es ist ..." Er hielt sie hoch, damit alle sie sehen konnten.

„Eine *Karte*! Boaaahhh!", riefen Chili und Briegel wie aus einem Munde und beide restlos begeistert.

Bernd sagte lieber nichts, auch wenn er wusste, dass dieser Trick ein wenig anders funktionierte. Man musste nämlich eine ganz bestimmte Karte wie „Herzbube" oder „Pikass" nennen, die der Zauberer dann auf wundersame Weise aus seinem gemischten Kartenspiel gezogen hätte. Aber noch einmal wollte er es sich mit diesem Fritz nicht verscherzen.

„Also, wirklich unglaublich, wie Sie das machen!" Briegel war ehrlich beeindruckt.

Und auch Chili staunte nicht schlecht. „Muss man dafür lange üben?"

Stolz warf sich Fritz in die Brust und sonnte sich in seinem Erfolg. „Na ja, ein wenig Talent kann nicht schaden, aber da sehe ich bei euch kein Problem." Wieder stieß er ein meckerndes Lachen aus. Er machte seinem Beinamen ‚der lustige Zauberkönig' wirklich alle Ehre.

Doch nun hatten sie genug Zeit mit Spielereien verbracht, fand Fritz. Jetzt sollten sie zum Geschäftlichen kommen. Er legte das Kartenspiel zur Seite. „Nun denn, womit kann ich euch helfen?", fragte er.

Briegel geriet vor lauter Aufregung ein wenig ins Stottern. „Ja ... also ... wir bräuchten drei Zauberstäbe!"

„Genau!", platzte nun Chili heraus. „Weil wir nämlich alle drei auf die Zauberschule nach Blockharz gehen!" Vor lauter Vorfreude konnte sie kaum still stehen.

Briegel nickte zustimmend. Er war auf das Abenteuer, das ihnen bevorstand, genauso gespannt wie Chili.

Bernd hingegen starrte ins Nichts. Konnte ihn denn nicht irgendjemand aus diesem Albtraum wecken?

Fritz schaute seine Kunden überrascht an. „Ihr alle *drei*? Seid ihr euch da sicher?" In der Prophezeiung war von einem Kasten mit kurzen Armen die Rede gewesen, nicht aber von einem Schaf und einem Busch.

„Ja!"

„Ja!"

Chili und Briegel schrien, so laut sie konnten. Sie schienen sich in ihrem Eifer gegenseitig übertreffen zu wollen.

„Nein!" Bernds Miene verdüsterte sich noch mehr.

„Doch!" Chili und Briegel warfen dem Brot einen triumphierenden Blick zu.

Bernd seufzte resigniert. Er sah ein, dass es keinen Zweck hatte, noch länger zu versuchen, die beiden von ihrem Vorhaben abzuhalten. Offenbar konnten sie es kaum erwarten, sich in ein neues grässliches Abenteuer zu stürzen. Bernd für seinen Teil hatte jetzt schon mehr als genug. Warum bloß war ausgerechnet er nach Blockharz eingeladen worden?

Fritz überlegte kurz. „Aha, dann also drei Zauberstäbe für drei Zauberlehrlinge", stellte er zögernd fest. „Mal sehen, was ich da für euch habe ..." Er trat hinter die Ladentheke, auf der allerlei Krimskrams herumstand, beugte sich nach unten und begann dort herumzukramen.

Chili und Briegel kriegten sich kaum noch ein. „Jaaa!", jubelte der Busch. „Bald können wir zaubern!"

Schon nach kurzer Zeit tauchte Fritz wieder hinter der Theke auf. „Und da ist er schon!", rief er und hielt einen schwarzen Zauberstab in die Höhe. Er ließ ihn einmal wie von Geisterhand zwischen seinen Fingern hoch- und wieder runterschweben, dann tippte er sich mit dem Stab gegen den Zylinder und drehte sich mit ausgestreckten Armen wie ein Musical-Star einmal um sich selbst.

„Haha!" Beifall heischend blickte er seine staunenden Zuschauer an. Obwohl, staunen taten eigentlich nur zwei davon, der Dritte im Bunde, das Brot, war eher gelangweilt. Lange würde Bernd die Vorführungen dieses drittklassigen Zauberers nicht mehr ertragen.

Chili war fasziniert. Es war ihr ein Rätsel, wie Fritz das angestellt hatte. Ihr Blick hing an jeder Bewegung, die der Zauberkönig machte. „Boaahh! Toll! Wieso bewegt sich denn der Zauberstab?"

Bernd konnte es nicht fassen. War das Schaf wirklich so doof oder tat es nur so? Egal – vielleicht würden sie ja schneller aus diesem elenden Laden wegkommen, wenn er ihr noch mal auf die Sprünge half. „Weil da ein Gummi unten dran ist, das er zwischen seine Finger geklemmt hat, und wenn ..."

Bernd kam nicht dazu, den Satz zu Ende zu sprechen, weil er von Fritz eine grottenhässliche Hexenmaske aus Plastik aufgesetzt bekam. „Na, so ein Spaßvogel", meinte der Zauberer, der es gar nicht komisch fand, dass das Brot seine Tricks ausplaudern wollte.

Bernd sah nichts mehr. Das war definitiv nicht sein Tag heute – aber welcher Tag war das schon?

Fritz musste handeln, bevor die Situation außer Kontrolle zu geraten schien. Schnell trat er hinter der Theke hervor und holte noch zwei weitere Zauberstäbe aus dem hintersten Winkel seines Ladens. Kurz überlegte er, wie viel er dafür verlangen konnte. „So, das macht dann … vierhundert Euro."

„Was?!" Bernds Stimme klang unter der Hexenmaske ein wenig gedämpft, aber nicht minder entsetzt.

„Vierhundert Euro, Bernd!" Chili glaubte, Bernd habe den Preis nur nicht verstanden, und wiederholte ihn deshalb noch einmal besonders laut.

„Pro Stück!", stellte Fritz schnell klar.

„Aber …" Bernd wollte protestieren, stieß allerdings, da er nichts mehr sah, gegen die Ladentheke. Mit Getöse kippte er um, die Hexenmaske verrutschte und seine Geldtasche mit ihrem wertvollen Inhalt flog durch die Luft.

Briegel fing sie mit einer geschickten Bewegung auf. „Also, Bernd, wer von uns will denn hier auf die Zauberschule?", fragte er vorwurfsvoll. „Da gibt's eben nichts geschenkt!" Er öffnete die Geldtasche und begann die Scheine darin abzuzählen. „So, wie viel sagten Sie?"

Chili zählt – „Mist! Zu wenig Finger!"

Fritz hielt die Zauberstäbe noch immer fest umklammert. „Nun, vierhundert pro Stück mal drei, das sind ... das macht dann, äh, tausend ... zweitausend Euro für alle drei zusammen!" Wäre doch gelacht, wenn er aus diesen ahnungslosen Figuren nicht noch etwas mehr herausholen könnte! „Und die Mehrwertsteuer kommt selbstverständlich noch dazu."

Chili stutzte. Rechnen war zwar nicht unbedingt ihre Stärke, aber diese Summe kam ihr dann doch ein wenig hoch vor. Sie nahm die Finger zur Hilfe, um noch einmal nachzurechnen. „Aber vierhundert mal drei ist doch, äh, Moment ..." Sie zählte erneut, kam aber auf kein Ergebnis. „Mist, zu wenig Finger!", rief sie.

Jetzt geriet der ansonsten recht abgebrühte Fritz ins Schleudern. Dieses oberschlaue Schaf verpatzte ihm noch das Geschäft. Er musste sich etwas einfallen lassen, wenn er den dreien die Zauberstäbe andrehen wollte.

Ruckzuck griff er nach ein paar schwarzen Umhängen, die schon seit einer Ewigkeit unter der Theke lagen. „Ja, ja! Aber ihr bekommt noch diese magieverstärkenden Zaubermäntel dazu! Die kosten alleine schon ..."

Endlich kam Bernd wieder auf die Beine. Mit der Hexenmaske, die ihm noch immer halb über die Kruste hing, sah er zwar ziemlich bescheuert aus, doch das war dem Brot im Moment völlig egal. Dieses Mal würde er dem Halsabschneider zuvorkommen, bevor seine gesamten Ersparnisse in diesem Ramschladen draufgingen. „Auf dem Preisschild steht vier Euro!", stellte er nüchtern fest.

„Ja, ja! Für das Preisschild! Aber die Mäntel kosten tausend Euro, pro Stück!", sagte Fritz schnell.

„*Nur?* Für *echte* Zaubermäntel?" Chili glaubte tatsächlich an ein echtes Schnäppchen. Außerdem war Zauberkraft eine Macht, die gar nicht mit Geld aufzuwiegen war ...

So sah das auch Briegel. Er wollte das Geschäft nun endlich über die Bühne bringen. „Komm schon, Berndi, ich finde, für die Zauberstäbe und die Mäntel ist das ein echt guter Preis! Und die schöne Maske, die hast du gratis bekommen, sei nicht undankbar", tadelte er das Brot und reichte dem Zauberkönig ein ganzes Bündel Scheine.

„Aber, das sind meine gesamten Ersparnisse von vielen, vielen Jahren!" Bernd war entsetzt. All seine Pläne lösten sich in diesem Augenblick in Luft auf.

„Geld allein macht auch nicht glücklich, Bernd!" Großzügig, wie er war, legte Briegel noch ein kleines Sümmchen mehr dazu. „Hier, stimmt so!"

„Oh, danke schön!" Mit flinken Fingern zählte Fritz nach und ließ die Scheine in null Komma nichts in seiner Kasse verschwinden. Zufrieden mit diesem Geschäft, drückte er Briegel die Zauberstäbe und die Mäntel in die Hände.

Für ihr Abenteuer in der Zauberschule waren die drei Freunde nun bestens ausgerüstet.

Chili drängte zum Aufbruch. Schließlich lag noch ein langer Weg vor ihnen. „Los, Bernd! In dem Brief stand, dass wir zum Bahnhof auf das achteinhalbte Gleis müssen, wo der Zug nach Blockharz abfährt."

„Ja, wir müssen uns beeilen! Tschüss, Herr Fritz!", rief Briegel, der bereits zum Ausgang des Ladens eilte.

Chili schloss sich ihm an.

„Also dann, macht's gut!", sagte Fritz. „Ich hoffe, ihr kommt noch mal wieder und kauft was! Das meine ich wirklich ernst!" Er winkte den beiden bestens gelaunt hinterher und lachte sich ins Fäustchen. Kunden, die solche Wucherpreise bezahlten, waren ihm stets willkommen.

Chili und Briegel waren schon durch die Tür, da stand Bernd noch immer unschlüssig mitten im Laden. Zum Bahnhof und auf die Zauberschule wollte er auf keinen Fall. Hier bleiben konnte er allerdings genauso wenig ...

„Moment, wartet doch mal ...", rief er den beiden hinterher, doch sie hörten ihn schon nicht mehr. Und auch der Zauberkönig schenkte ihm keinerlei Beachtung mehr, sondern verschwand wortlos hinter dem Vorhang, der den Laden von seinen privaten Räumen trennte.

Dann eben nicht, dachte er, und wollte gerade loskasten, als er etwas hörte. Es klang wie ein schriller Vogelschrei – ein Geräusch, das ihm unangenehm bekannt vorkam ...

Leicht panisch schaute sich Bernd um. Einen Vogel konnte er nicht entdecken, doch dafür fiel sein Blick auf ein völlig zugestaubtes Bündel, das ganz oben auf einem Regal lag und ... geheimnisvoll aufleuchtete!

Während Bernd noch ungläubig zu ihm hinaufschaute, geschah etwas absolut Unfassbares: Das bläulich schimmernde Bündel bewegte sich! Es hob sich empor ... schwebte völlig schwerelos durch die Luft ... und kam geradewegs auf ihn, Bernd das Brot, zu! Und nun erkannte er auch, was es war – ein gefalteter Zauberumhang mit einem Metallverschluss am Kragen und einem Emblem, das genauso aussah wie der Absenderstempel auf den Briefen, die er von der Blockharz-Zauberschule bekommen hatte. Quer über dem Umhang lag ein Zauberstab, der einmal kurz aufglimmte.

Das Brot stand da, starr vor Schreck. Der magische Umhang schwebte noch einmal um ihn herum und setzte dann sanft auf seinem Kastenkopf auf. Augenblicklich erlosch das Schimmern.

„Warum ausgerechnet ich?" Fest presste Bernd die Lippen aufeinander. Dann kastete er mit einem tiefen Seufzer aus dem Laden, so schnell seine Brötchenfüße ihn trugen ...

Kaum war die Tür hinter Bernd ins Schloss gefallen, trat Fritz, der lustige Zauberkönig hinter seinem Vorhang hervor. Er hatte nur darauf gewartet, dass Bernd endlich verschwand.

Sofort blickte der Zauberkönig nach oben auf das Regal, dorthin, wo der geheimnisvolle Umhang gelegen hatte. Als er sah, dass er verschwunden war, lächelte er zufrieden. Alles war genau so abgelaufen, wie er es sich erhofft hatte.

„Dann mach's mal gut, Bernd! Viel Spaß in der Blokkharz-Zauberschule. Und pass mir auf deine beiden verrückten Freunde auf", sagte er halblaut zu sich selbst.

In Blockharz würden sie alle sich schon sehr bald wiedertreffen, doch davon ahnten die drei Freunde nichts ...

Fritz schnippte mit den Fingern und ein langer, knorriger Zauberstab erschien in seiner Hand. Gerne benutzte er ihn auch als Stock, wenn er sich aufstützen wollte. In letzter Zeit war er nämlich oft sehr müde ...

Als er den Kopf senkte, bemerkte er plötzlich lauter Staubflusen, die den Boden bedeckten. „Also, wie sieht es denn hier aus?", stieß er entrüstet aus. „Total staubig." So konnte das nicht bleiben. Zweimal stieß er den Zauberstab auf den Boden, drehte sich um und zog sich wieder hinter den Vorhang zurück.

Im selben Moment brach im Laden ein eifriges Treiben aus: Tausende bunter Lichtfunken sprühten durch den Raum – und schon wirbelten ein Putzeimer, ein Wischmopp und mindestens sieben Besen durch den Laden. Da wurde gewischt und gekehrt, was das Zeug hielt – und das alles wie von Geisterhand! Innerhalb kürzester Zeit blitzte und blinkte der Boden wieder. Und wie auf ein lautloses Kommando lösten sich die heimlichen Helfer in Luft auf. Nichts wies mehr darauf hin, was hier geschehen war – eine wahrlich magische Putzkolonne.

Bernd würde lieber nicht verreisen.

Bernd auf dem achteinhalbten Gleis

Chili und Briegel waren bereits im Bahnhof und warteten auf Bernd, der eine ganze Weile nach ihnen endlich missmutig herankastete. Die Vorfreude auf die Reise zur Blokkharz-Zauberschule hielt sich bei ihm stark in Grenzen. Anders gesagt: Es gab sie nicht. Was hatte auch ein Brot mit Magie zu tun? Obendrein hatte der irre Busch gerade erst seine sämtlichen Ersparnisse im Laden von „Fritz, dem lustigen Zauberkönig" auf den Kopf gehauen. Mist.

Chili hatte schon einen Gepäckwagen besorgt und schob ihn vor sich her. Darauf türmten sich mehrere Koffer und Taschen, Kisten und Schachteln. Vorsorglich hatten Chili und Briegel alles eingepackt, was ihnen irgendwie nützlich erschien. Man wusste ja nie – und schließlich hatten sie alle keine Ahnung, wie lange sie in der Zauberschule bleiben würden und was sie dort erwartete.

Nur Bernd wusste es: noch mehr billige Zaubertricks. Noch

mehr „Bumm", noch mehr „Peng" und noch mehr „Knall" – das würde ihn erwarten. Die Hölle in bunt – wie immer.

In dem Brief der Zauberschule war der Weg dorthin genau beschrieben. Dieses Schreiben hielt Chili nun in der Hand. Immer wieder warf sie einen Blick auf das Blatt, um sich zu vergewissern, dass sie hier auch richtig waren.

Briegel drängte hinter dem Schaf her, während sich Bernd unendlich viel Zeit ließ und langsam über den schäbigen Bahnsteig trottete.

Zielstrebig suchte Chili das richtige Gleis. „Bernd! In dem Brief von der Blockharz-Zauberschule steht, du musst auf das achteinhalbte Gleis." Sie deutete nach links. „Da drüben ist acht." Sie schaute noch einmal genau hin. Ja, dort stand es. Dann wandte sie sich nach rechts. „Und da ist neun. Also ist das achteinhalbte irgendwo dazwischen. Genau hier, wo wir jetzt stehen!" Es konnte gar nicht anders sein. Entschlossen gab Chili dem schweren Gepäckwagen einen kräftigen Schubs, damit er weiterrollte.

Weshalb Bernd so trödelte, konnte sie beim besten Willen nicht verstehen. „Vergiss nicht, *du* willst schließlich auf eine Zauberschule!"

„Ich will alles andere als auf eine Zauberschule."

Chili winkte ab. „Aber *du* hast nun mal den Brief bekommen und jetzt müssen *wir* da nun mal hin!" Sie schob den Gepäckwagen noch ein paar Meter weiter.

„Aber wenn doch nur *ich* den Brief bekommen habe, wieso müsst *ihr* dann mit?", wagte Bernd einzuwenden.

„Wir lassen dich doch nicht alleine, Berndi!" In Briegels Stimme schwang echte Empörung mit. Er trug ein scheußliches grell-oranges Urlaubs-Käppi, das er sich schräg auf den Kopf gesetzt hatte.

Chili war ganz Briegels Meinung. Ohne sie wäre Bernd doch völlig hilflos! Aber natürlich gab es auch noch einen anderen Grund, weshalb sie ihn unbedingt begleiten wollten. „*Wir* wollen auch lernen, wie man zaubert!", verkündete sie. Allein schon bei dem Gedanken daran geriet sie völlig außer Rand und Band. „Hui! Das wird superchili-scharf!"

Aus Erfahrung wusste Bernd, was ihn erwartete, wenn Chili so etwas sagte: „Das Grauen!", stieß er gepresst hervor.

Doch das Schaf ließ ihn einfach stehen. Chili hatte etwas entdeckt, das ihre Aufmerksamkeit erregte – einen breiten gemauerten Pfeiler. Er zog sie magisch an, vielleicht, weil er exakt in der Mitte zwischen den Gleisen acht und neun stand. „Hmmm ..." Nachdenklich tippte sich Chili ans Kinn. Sie sah sich noch einmal auf dem Gleis um, dann ging sie schnurstracks auf den Pfeiler zu, drückte ein Ohr dagegen und lauschte angespannt.

Chili hört im Pfeiler das Pfeifen einer Lok.

Und tatsächlich: es war, wie sie gedacht hatte. Wie aus weiter Ferne, leise, aber deutlich hörte sie das Pfeifen einer Lok, das Fauchen eines Dampfkessels und andere Bahnsteiggeräusche. Diese Geräusche drangen direkt aus dem Mauerwerk. Da drinnen musste das achteinhalbte Gleis sein! Und der Zug schien schon zur Abfahrt bereitzustehen!

„Schaf? Was hast du vor?" Bernd ahnte Schlimmes. Er kannte diesen Gesichtsausdruck leider allzu gut und wusste, dass das Schaf einen Entschluss gefasst hatte, von dem es sich keinesfalls würde abbringen lassen.

„Keine Ahnung, warum ..." Chili klopfte energisch gegen den Pfeiler. „Aber der Bahnsteig ist da drin! Briegel, los geht's!"

„Alles klar!" Briegel wusste sofort, was Chili meinte.

Die beiden stellten sich hinter den Gepäckwagen und nahmen Bernd einfach in die Mitte. Der hatte gar keine Chance, sich dagegen zu wehren, dafür ging alles viel zu schnell. Mit vereinten Kräften setzten sie den Gepäckwagen so weit wie nur möglich zurück, damit sie richtig Anlauf nehmen konnten.

Chili stand vorne, die Griffe fest umklammert, und brachte den Wagen in Position. Hinter ihr stand Bernd, gefolgt von Briegel, der die Hände auf die Kruste seines Vorderbrots gelegt hatte.

Nun dämmerte es auch Bernd, was die beiden vorhatten. In ihm stieg Panik auf. „Aber, aber, aber ...!" Diese Verrückten! Das konnte doch nicht ihr Ernst sein, oder doch?

Viel schneller, als ihm lieb war, bekam er die Antwort auf seine Frage.

„Los!!!", schrie Chili aus Leibeskräften.

„Nein!!!" Bernd hätte genauso gut schweigen können.

„Doch!!!", brüllte Briegel.

Bernd wurde von den beiden einfach mitgerissen. Und Chili hielt direkt auf den Pfeiler zu ...

Sekunden später donnerte der Gepäckwagen mit voller Wucht gegen das Mauerwerk. Der Aufprall war hart. Trotzdem brachen sie keineswegs wie geplant durch die Steine hindurch und hinein in eine geheimnisvolle Welt, auf ein Gleis, das Chili dahinter vermutet hatte. Tatsächlich bekam der Pfeiler kaum einen Kratzer ab, aber die drei Freunde segelten im hohen Bogen durch die Luft.

Im nächsten Moment landeten sie in einem Gitterwagen, der in der Nähe des Pfeilers von Bahnarbeitern abgestellt worden war. Darin lagen bereits zahlreiche Taschen und Koffer von anderen Reisenden, was den Aufschlag der drei deutlich abminderte. Keiner von ihnen tat sich ernstlich weh, dennoch blieben sie zunächst einmal benommen liegen – leider einen Augenblick zu lange.

Noch ehe die drei aus dem Gitterwagen klettern konnten, kamen zwei Gepäckträger und luden weitere Taschen auf sie drauf.

„Ist dit hier det Jepäck für'n Zuch in die Karibik?", fragte der eine.

„Ja, ja."

„Okay, alles klar."

„Abfahrt!"

Ruckelnd setzte sich der Wagen in Bewegung und fuhr langsam durch den Bahnhof – zu einem Zug mit dem Reiseziel Karibik. Nun ja, das lag zwar eigentlich nicht auf dem Weg zur Zauberschule Blockharz, aber wo sie nun schon einmal die Gelegenheit bekamen …

Chili versuchte sich aufzurichten, doch es gelang ihr nicht. „Vielleicht hätten wir noch viel doller gegen die Säule fahren müssen", meinte sie, noch reichlich mitgenommen.

Briegel hielt sich seinen Blätterkopf, der gewaltig brummte. „Ja, oder von der anderen Seite."

„Oder es einfach sein lassen", schlug Bernd vor, der nun auch wieder aus seiner gnädigen Ohnmacht erwacht war.

Mist! Jetzt steckten sie also hier in diesem Gitterwagen, waren unter fremden Koffern begraben, während ihr eigenes Gepäck noch auf dem Bahnsteig stand. Und keiner von ihnen hatte auch nur die leiseste Ahnung, wie es nun weitergehen sollte! Die ganze Aktion war ein hundertprozentiger Reinfall gewesen. Aber auf ein Brot hörte ja niemand.

Willkommen auf Blockharz

Tatsächlich landeten Chili, Briegel und Bernd auf verschlungenen Pfaden in der Karibik. Das Schaf und der Busch fanden das nicht weiter schlimm, im Gegenteil, der kleine Abstecher machte ihnen eine Menge Spaß. Bernd dagegen hätte auf diese Fernreise gut verzichten können. Nicht genug damit, dass ihn fast eine herabfallende Kokosnuss erschlagen hätte, nein, er wäre auch noch beinahe in einen tropischen Regenguss geraten und von einem Zwergaffen gebissen worden …

Da die Bewohner der Karibik von der Zauberschule noch nie gehört hatten, dauerte es eine Weile, bis die drei schließlich einen Weg fanden, der sie ihrem Ziel näher brachte.

Nach einer kleinen Verspätung, genau genommen zwei Wochen später, war es dann so weit. Bernd hatte schon gehofft, dass sie es nie mehr schaffen würden. Aber nun standen sie tatsächlich vor der Zauberschule Blockharz!

Schon aus der Ferne hatten sie das große, hoch aufragende Schloss gesehen, das an einem See lag und von dichtem, finsterem Wald umgeben war. Das alte Gemäuer mit seinen Türmen und Zinnen wirkte äußerst unheimlich – ein Eindruck, der sich beim Näherkommen nur verstärkte. Ob dort überhaupt jemand wohnte außer Fledermäusen, Schleiereulen und Vampiren?

Es war bereits mitten in der Nacht und daher stockdunkel. Doch zum Glück hatten die drei Petroleumlampen dabei, um überhaupt die Hand vor Augen sehen zu können.

Im schwachen Schein von Briegels Lampe tauchte ein großes Wappenschild über der schweren Eingangstür auf. „Blockharz" stand dort in großen Lettern geschrieben. Es bestand kein Zweifel daran, dass sie hier richtig waren. Als auch Chili ihre Lampe in die Höhe hielt, blitzte kurz der Wahlspruch der Zauberschule auf: „Lirum, Larum, Löffelstiel". Damit war für Bernd die Sache klar: Auch hier hatte man offensichtlich nicht mehr alle Blätter auf dem Strauch.

Briegel konnte es kaum erwarten, das Schloss zu betreten. „Tsähä, da sind wir endlich! Die Blockharz-Zauberschule!" Er drehte sich zu Bernd um, der stumm vor sich hin starrte. „Jetzt aber schnell – wir wollen doch nicht, dass du zu spät kommst."

„Wenn ich nicht zu spät kommen soll, frage ich mich, was wir die letzten zwei Wochen in der Karibik gemacht haben." Eine Bemerkung, die durchaus berechtigt war, fand Bernd.

Zu allem Überfluss musste er wie die beiden anderen in einem albernen, knallbunten Hawaiihemd herumlaufen. Denn nachdem ihr Gepäck auf dem Bahnhof stehen geblieben war, hatten sich die drei komplett neu einkleiden müssen. Bernd kam sich in diesem Hemd absolut lächerlich vor, aber wer fragte schon danach?

„Na ja, was können wir dafür, wenn die uns in der Karibik abladen?", meinte Chili. „War doch ein Superwetter! Und die Wellen! Chilischarf zum Surfen!" Action, Spaß und Abenteuer – das war ganz nach ihrem Geschmack gewesen.

Doch Chili war sich ganz sicher, dass sie sich auch in der Zauberschule keine Sekunde langweilen würde, ganz im Gegenteil.

Briegel nahm die Sache in die Hand und klopfte laut gegen die mit Eisen beschlagene Tür. Kaum hatte er sie berührt, schwang sie wie von Zauberhand mit einem Knarren auf.

Verwundert blickten sich die drei Freunde an und traten ein. Vor ihnen lag eine riesige Halle. Die hohe Decke wurde von schmalen Steinsäulen getragen, und durch die Fenster fiel das fahle Licht des Mondes. An einer der kahlen Wände hing eine Fackel, deren zuckende Flammen gespenstische Schatten warfen.

„Hallo?" Chili blickte sich neugierig um. Doch weit und breit war niemand zu sehen.

„Hal-loo-oo, ist da jemand?" Briegel rief noch lauter als Chili. Seine Stimme hallte in dem Gemäuer wider.

Entsetzt fuhr Bernd zusammen. „Nicht so laut, sonst hört uns noch jemand!"

Mit einem lauten Krachen fiel die Tür hinter ihnen zu.

Bernd kippte vor Schreck fast um, doch Chili und Briegel nahmen ihn schnell in ihre Mitte und steuerten eine Tür an, die sie an der gegenüberliegenden Wand entdeckt hatten.

Raum für Raum schlichen Chili, Briegel und Bernd durch das Schloss, das riesengroß zu sein schien und völlig verlassen. Nirgendwo begegnete ihnen auch nur eine Menschenseele. Irgendwann kam es ihnen so vor, als würden sie durch ein gigantisches Labyrinth irren. An einer Wand in einem endlos langen Gang hingen Gemälde, von denen längst verstorbene Ahnen auf sie herabschauten und sie mit ihren Blicken zu verfolgen schienen. Einmal stieß Chili gegen eine verrostete Ritterrüstung, die ins Wanken geriet und scheppernd zu Boden fiel. Kaum hatten sie sich von dem Schrecken erholt, brach Briegel beinahe durch eine Falltür, die völlig morsch war. Bernd wurde immer schweigsamer und kämpfte nur noch verbissen gegen die Spinnweben, die überall hingen.

Nach einer Weile gelangten die drei jedoch zu einer angelehnten Tür, hinter der lautes Schnarchen zu hören war. Voller Erwartung betraten sie das Zimmer, das von Kerzen erleuchtet wurde. Die bunten Fensterscheiben reflektierten deren Schein und tauchten den ganzen Raum in ein bläuliches Licht.

An der Stirnseite befand sich ein Podest, in dessen Mitte zwischen zwei hohen Kerzenleuchtern ein großer Holzstuhl thronte. Die hohe Rückenlehne war reich verziert mit rätselhaften Zeichen, in denen sich das Kerzenlicht brach. Auf diesem Thron saß in sich zusammengesunken ein alter Mann und schlief. Das musste der Zauberlehrer sein, der sie hier erwartete!

Auf Zehenspitzen gingen Chili und Briegel mit Bernd in ihrer Mitte weiter, bis sie unmittelbar vor ihm standen. Neugierig betrachteten sie den Mann, der wie Fritz, der lustige Zauberkönig einen langen weißen Bart trug. Er war in eine dunkle Decke gehüllt, unter der ein rotes Gewand hervorschaute. Auf seinem Kopf saß eine rote Samtmütze und in der rechten Hand hielt er einen langen knorrigen Stab, vermutlich sein Zauberstab. Im Schlaf stützte er sich darauf ab.

Plötzlich schreckte der Zauberer hoch, sah die drei und sprang entgeistert auf. „Ah! Der-dessen-Namen-man-nicht-aussprechen-kann!", schrie er mit weit aufgerissenen Augen und reckte blitzartig seinen Zauberstab in die Höhe. Ein lauter Donner erfüllte den Raum – und schon ging ein heller Lichterregen über dem Zauberer nieder. Die umherfliegenden Funken machten ihn für einen Moment fast unsichtbar, dann erloschen sie.

Einen Augenblick herrschte verblüfftes Schweigen. So hatten sich die Freunde die Begrüßung in der Zauberschule nicht vorgestellt.

Dann ergriff Chili das Wort. Entschieden schüttelte sie den Kopf. „Äh, nein, der sind wir nicht. Wir sind Chili das Schaf und Briegel der Busch. Und wir bringen Bernd das Brot."

„Er will hier Zauberei studieren", beeilte sich Briegel zu erklären.

„Also eigentlich ..." Bernd wollte protestieren, doch Chili schnitt ihm einfach das Wort ab.

„Und wir wollen auch mitmachen. Bitte, bitte, bitte, bitte!" Aufgeregt hüpfte sie auf und ab.

„Bitte, bitte, bitte!", fiel nun auch Briegel ein, während Bernd einfach dastand und die Lippen aufeinander presste. Schließlich war dieser Irrsinn das Letzte, was er wollte.

Zunächst wusste der Zauberer nicht, was er sagen sollte. Er wirkte ein wenig überfordert und schaute sich verdattert um. „Also, eigentlich hat das Schuljahr schon vor zwei Wochen angefangen", verkündete er und setzte sich mit einem leisen Stöhnen wieder auf seinen Stuhl.

„Ja, ja. Nun, wir wurden ..." Briegel überlegte, wie man ihren Umweg über die Karibik erklären konnte, ohne sich allzu sehr zu blamieren. „Wir wurden ... aufgehalten", sagte er kurzerhand.

Chili ließ nicht locker. „Bitte, bitte, bitte!", drängte sie den alten Zauberer.

Beschwichtigend hob dieser die Hände, Hauptsache, dieses gelbe Schaf gab endlich Ruhe. „Ja, ja, ja. Ist ja schon gut. Also, mein Name ist übrigens Dumdidum. Ich bin hier ... der Froschkönig."

Verwirrt riss Briegel die Augen auf. Hatte er richtig gehört? Das konnte doch wohl nicht wahr sein!

Dumdidum bemerkte seinen Fehler selbst. „Nein, nein. Ich bin hier der Wieselköder, äh ..." Wieder falsch! Er biss sich auf die Lippen. Dann endlich fiel bei ihm der Groschen. „Schulleiter! Genau, ich bin hier der Schulleiter, das bin ich." Er schien erleichtert, dass er doch noch auf das richtige Wort gekommen war.

Bernd hingegen sah aus, als hätte er bei einem von Chilis Kanonenstunts als Testkandidat herhalten sollen – nackte Panik stand in seinen Augen. Am liebsten hätte er sich umge-

Dieser Dumdidum muss völlig durchgeknallt sein ..., denkt Bernd.

dreht und wäre auf der Stelle davongekastet. Schon die ganze Zeit hatte er bei dieser Geschichte kein gutes Gefühl gehabt, jetzt aber war er absolut sicher, dass sie in einer Katastrophe enden würde. Dieser Dumdidum war nicht nur leicht verwirrt – er schien völlig verrückt zu sein!

Nachdem der Zauberer nun endlich wusste, wer er war, wollte er rasch die übliche Begrüßung seiner neuen Schüler hinter sich bringen. Er bemühte sich darum, seine Stimme würdevoll klingen zu lassen, doch er verhaspelte sich immer wieder. Offensichtlich fiel es ihm schwer, sich zu konzentrieren.

„Also, zu allererst müsst ihr in euer Haus eingewiesen werden. Das ist während der gesamten Schulzeit sozusagen ..." Dumdidum geriet ins Stocken. „Nun, euer Haus ist sozusagen euer ... euer ... Haus." Genau, so schwierig war das doch gar nicht. „Jeder Schüler hier wird in ein bestimmtes Haus eingewiesen, je nachdem, was er kann, ja, und wie er ... wie er so ist. Und um festzustellen, in welches Haus ihr gehört, haben wir hier diesen ..." Der Zauberer beugte sich vor und suchte etwas unter seinem Stuhl, konnte es aber nicht finden. „Wo ist er denn nur? Gerade eben hatte ich ihn doch noch ..."

Bernd hatte genug gesehen und gehört von dieser angeblichen Zauberschule und erst recht von diesem Dumdidum. Er brauchte keine weitere Bestätigung für seine schlimmsten Befürchtungen. Zauberei und Magie – das war doch alles Mist. „Kommt, lasst uns gehen. Der hat nicht mehr alle Hühner auf der Stange."

Doch Chili und Briegel machten keine Anstalten, Bernds Aufforderung nachzukommen. Wie gebannt hingen sie an den Lippen des Schulleiters.

Endlich hatte der Zauberer gefunden, was er suchte. Er zog einen verstaubten schwarzen Hut hervor, der reichlich zerknittert aussah, und schnüffelte an ihm. „Oh, die Katze hat reingemacht. Na, macht ja nichts. Wird auch so gehen."

Dumdidum brachte den ramponierten Hut wieder ein wenig in Form und erhob sich schwerfällig.

„Dieser Zauberhut wird dir jetzt sagen, in welches der drei Häuser du gehörst." Feierlich nickte er Bernd zu. „Es gibt das Haus Griffeldor und das Haus Schlimberlim, ein böses Haus, da kommt Der-dessen-Namen-man-nicht-aussprechen-kann her." Dumdidums Blick schweifte in die Ferne. „Wie heißt der noch mal? Vergessen. Na, egal! Das ist das Haus, in das der jedenfalls gehört." Er wandte seine Aufmerksamkeit wieder Bernd zu, der mit stummem Entsetzen der Rede des Zauberers gefolgt war. „Oder du kommst in das Haus Rübenbrei!"

„Rübenbrei??!", riefen Briegel und Chili im Chor. Gebannt hingen sie an Dumdidums Lippen. Nur Bernd seufzte einmal mehr still vor sich hin.

Der Zauberer verzog keine Miene. „Ein altes und sehr ehrwürdiges Haus!", stellte er in strengem Tonfall klar und setzte Bernd den schmuddeligen Zauberhut auf den Kastenkopf.

Bernd erstarrte. Was um alles in der Welt hatte er hier zu suchen in diesem grässlichen Zauberschloss bei einem vollkommen durchgeknallten Schulleiter – mit einem Hut auf dem Kopf, den eine Katze voll gepinkelt hatte …

Eine Weile standen sie alle schweigend da, warteten, dass der Zauberhut, wie angekündigt, irgendetwas von sich geben würde. Doch nichts passierte, absolut *gar* nichts.

Chili wurde langsam ungeduldig. „Ich denke, der Hut sagt uns jetzt, in welches Haus Berndi kommt!"

Der Zauberer, der starr vor sich hin geblickt hatte, zuckte bei diesen Worten zusammen. „Ach ja, Moment." Mit einer weit ausholenden, wirklich magischen Geste hantierte er ein wenig an dem Hut herum, wobei er hoffte, dass keiner der drei Freunde bemerkte, wie er vorsichtig seine zittrige Hand unter ihn schob.

Dumdidum bewegte den Hut selbst und nuschelte etwas. Dabei drehte er sich ein wenig von Chili, Briegel und Bernd weg, so dass sie nicht sehen konnten, wie sich seine Lippen bewegten. Als Bauchredner besaß er zwar nur sehr wenig Talent – um ehrlich zu sein: er war miserabel –, doch um die drei zu täuschen, reichte es sicherlich aus. Da war Dumdidum sehr zuversichtlich.

„Haus Rübenbrei!", flüsterte er und hob den Hut von Bernds Kopf. Dann sprach er betont laut und mit seiner normalen Stimme weiter. „Aha! Seht ihr?"

Briegel und Chili waren tatsächlich beeindruckt.

„Wow, das ist Magie!" Briegel nickte ehrfürchtig. Vor ihnen stand tatächlich ein großartiger Magier und Zauberer, der ihnen sogleich eine Kostprobe seines Könnens geliefert hatte.

„Chilischarf!", entfuhr es dem Schaf. Nun gab es keinen Zweifel mehr: Ein riesiges Abenteuer stand ihnen bevor. Nicht auszudenken, wie toll es sein würde, wenn Briegel, Bernd und sie bald selbst solche Fähigkeiten besäßen.

Nur Bernd hatte das Gefühl, dass er von lauter Verrückten umgeben war. Aber warum nicht zur Abwechslung mal so tun, als sei ihm dies nicht aufgefallen? Zudem klang „Haus Rübenbrei" nicht ganz so gefährlich wie die anderen beiden Häuser, und so verkündete er knapp: „Ich bin außer mir vor Freude."

Dumdidum hatte es nun eilig, die drei neuen Schüler wieder loszuwerden, denn wie so oft überfiel ihn eine große Müdigkeit. Er deutete mit seinen Händen in Richtung Tür. „So und jetzt geht in euer Haus. Der Unterricht beginnt morgen um acht. Tschüss, macht es gut. Bis dann!"

Kaum hatte er zu Ende gesprochen, sank er nach hinten auf den Stuhl zurück und schlief augenblicklich ein. Kurz darauf erfüllte lautes Schnarchen den Raum.

Briegel und Chili fanden das nicht weiter verwunderlich. Hauptsache, sie hatten ihr Ziel erreicht. Sie waren an der Zauberschule aufgenommen. Nun endlich würden sie tatsächlich die geheimen magischen Künste erlernen!

„Yippie!", stieß Briegel aus. „Das wird ein Abenteuer ..."

„Ja, hurra!", stimmte Chili ein.

Bernd konnte ihre Begeisterung nicht teilen. „Genau, *hurra*", sagte er mit höhnischer Stimme. „Vor allem, weil er uns nicht gesagt hat, wo in diesem riesigen Kasten unsere Zimmer sind."

Chili sah darin kein Problem. „Ach was!", meinte sie und winkte ab. „Kennst du ein Schloss, kennst du alle! Folgt mir!" Und schon lief sie zielstrebig los, auch wenn sie in Wahrheit nicht die geringste Ahnung hatte, wo es langging.

Briegel folgte ihr auf dem Fuße, denn wann hatte man schon mal Gelegenheit, ein Schloss zu erforschen?

Bernd blieb zurück. Mein Leben ist die Hölle, dachte er und kastete dann mit einem tiefen Seufzer dem Schaf und dem Busch hinterher.

Eine Ewigkeit irrten Chili, Briegel und Bernd durch das Schloss, ohne ihre Zimmer oder das „Haus", wie Dumdidum es genannt hatte, zu finden. Nicht einmal den kleinsten Hinweis darauf, wo es sein könnte, entdeckten sie.

Erschwerend kam hinzu, dass es in dem riesigen Gemäuer ziemlich dunkel war, einmal abgesehen von einigen wenigen Laternen und Fackeln, die die Gänge und Räume nur spärlich erleuchteten.

Sogar Chili war inzwischen ziemlich still geworden.

Plötzlich blieb Briegel abrupt stehen.

Chili, die direkt hinter ihm ging, hätte ihn beinahe umgelaufen.

„Waren wir hier nicht schon einmal?", fragte Briegel.

„Nein, nein, wir waren vorher da bei … da, wo … Moment …" Chili blickte sich ratlos um. „Wo sind wir?"

„Sag jetzt nicht, wir haben uns verlaufen!" Bernd hatte es von Anfang an befürchtet.

Chili wusste nicht so recht weiter. „Hallo, Briegel!", rief sie ihren Freund, der irgendwo in der Dunkelheit verschwunden war.

„Wir haben uns verlaufen!", stellte Bernd fest und gab jede Hoffnung auf, den Rest der Nacht in einem Bett verbringen zu können. Es kam eben immer noch schlimmer, als man gedacht hatte.

Schulanfang

Nach langem Suchen hatten Bernd, Chili und Briegel dann doch ein Zimmer gefunden, das irgendwie so aussah, als könnte es zum „Haus Rübenbrei" gehören. Mittlerweile war es ihnen aber auch schon fast egal, das Zimmer war frei und drei Betten gab es auch. Sie waren einfach nur froh, endlich einen Platz gefunden zu haben, an dem sie sich schlafen legen konnten. Schließlich hatten sie eine ganz schön lange Reise hinter sich.

Am nächsten Morgen standen die drei neuen Zauberschüler pünktlich um acht Uhr in einem Klassenzimmer. Sie waren ganz sicher, dass sie sich im richtigen Raum befanden, denn vorne, hinter dem großen Pult, saß ihr Zauberlehrer, Professor Dumdidum. Allerdings schlief er tief und fest, wie schon bei ihrer ersten Begegnung. Zaubern schien wahnsinnig anstrengend zu sein.

Chili, Bernd und Briegel hatten sich vor Unterrichtsbeginn

umgezogen, denn bunte Hawaiihemden waren sicher nicht die angemessene Kleidung, wenn man die hohe Kunst der Zauberei erlernen wollte. Alle drei trugen nun eine ordentliche Schuluniform, die sie auf dem Weg von der Karibik nach Blockharz gekauft hatten. Gegen Bernds Willen hatte ihm Chili auch noch einen orange-rot gestreiften Schal umgebunden, damit er sich in dem kalten Schloss auch keine Erkältung holte.

Zum Glück lagen in dem Klassenzimmer Zaubermäntel und -stäbe bereit, denn ihre eigenen Sachen, die sie für viel Geld bei Fritz, dem lustigen Zauberkönig gekauft hatten, waren ja bei ihrer überstürzten Abreise auf dem Bahnhof verloren gegangen.

Nun saßen die drei Freunde nebeneinander hinter ihren Pulten – Briegel links, Chili rechts und Bernd in der Mitte. Vor ihnen standen alte Tintenfässer, in denen noch ältere Schreibfedern steckten. Außerdem lagen ein paar dicke ledergebundene Bücher auf dem Tisch, in denen man alles nachlesen konnte, was man über Zauberei und Magie wissen wollte.

Bernd starrte vor sich hin. Ständig hatten ihm das Schaf und der Busch erzählt, was für eine große Ehre es sei, ein „auserwählter Zauberschüler" zu sein. Er konnte dieses Gerede nicht mehr hören, aber die beiden schienen kein anderes Thema mehr zu haben. Wie auch immer, nun saß er hier, und heute war ihr erster Schultag. Er wusste zu genau, was ihn erwartete: nichts Gutes.

Chili rutschte unruhig auf ihrem Stuhl hin und her. Sie warf einen Blick auf den Zauberlehrer, der immer noch schnarchte, dass sich die Balken bogen, und drehte sich dann zu ihrem Platznachbarn um. „Wow, der erste Tag an der Blockharz-Zauberschule. Ich bin schon so gespannt!"

Bernd schaute sie nur mit stummer Verachtung an.

Und auch Briegel konnte Chilis Aufregung im Moment nicht so ganz nachvollziehen. Er hatte den Kopf in die Hände gestützt und langweilte sich ziemlich. „Ja, ja." Er nickte langsam. „Aber bisher ist ja noch nicht so viel passiert, oder?"

„Ein Glück!", brummte Bernd.

Kaum hatte das Brot gesprochen, schreckte der verwirrte Zauberlehrer aus dem Schlaf hoch. Unwillkürlich griff Dumdidum nach seinem Zauberstab, der auf dem Pult lag, und fuchtelte damit wild in der Luft herum, als wolle er einen bösen Geist beschwören. „Ah! Der-dessen-Namen-man-nicht-aussprechen-kann!", rief er und starrte Bernd mit weit aufgerissenen Augen an.

Briegel stutzte. Wie kam der Zauberer jetzt darauf? Das konnte nur eine besondere Prüfung für sie sein, ein Test. „Nein, nein", beruhigte er Dumdidum. „Das ist Bernd", sagte er und deutete zuerst auf das Brot, dann auf das Schaf und schließlich auf sich selbst. „Und wir sind Chili und Briegel." Sie hatten sich doch bereits am Abend zuvor vorgestellt, wusste das dieser Zauberlehrer denn nicht mehr?

Dumdidum dachte nach, doch die Erinnerung war wie weggeblasen. Vielleicht hätte er gestern doch nicht mehr von dem obergärigen Silicium-Sirup naschen sollen …

„Wir sind die neuen Zauberschüler vom Haus Rübenbrei!", versuchte Briegel ihm auf die Sprünge zu helfen.

Noch immer zeigte das Gesicht des Zauberers keinerlei Anzeichen des Wiedererkennens.

Nun mischte sich auch Chili ein. „Da haben Sie uns doch gestern erst hingeschickt. Erinnern Sie sich nicht, Herr Professor Dumdidum?" Sie konnte sich die Vergesslichkeit des Zauberers nur damit erklären, dass er sich so viele magische Formeln und Sprüche merken musste. Da blieb für andere Dinge eben nicht genug Platz übrig …

Dumdidums Blick schweifte in die Ferne. „Äh, ehrlich gesagt, kann ich mich nicht erinnern." Dann aber riss er sich zusammen. Sicher war es besser, wenn er sich seine Ahnungslosigkeit nicht so deutlich anmerken ließ. „Obwohl … Oh doch, ja sicher, sicher. Klasse, setzen!", sagte er schnell und schlug mit seinem Zauberstab auf das Pult. In der anderen Hand hielt er – fest umklammert – irgendetwas Goldenes.

Wieso setzen?, dachte Bernd bei sich und sagte laut: „Wir sitzen hier bereits seit zwei Stunden und schauen Ihnen beim Schlafen zu."

Nervös fuhr sich Dumdidum über seine buschigen Augenbrauen. „Was? Ich habe nicht geschlafen, ich habe … äh… studiert." Er machte eine ausladende Bewegung mit dem Zauberstab und und öffnete versehentlich die andere Hand. Heraus fiel ein goldenes Amulett, das an einer dicken Kette nun von seinem Handgelenk herunterbaumelte. „Und zwar so eine Sache mit einem Amulett und Dem-dessen-Namen-man-nicht-aussprechen-kann. Sehr geheim, da geht es um Zauberei und die Weltherrschaft und …" Erschrocken hielt er inne. Das hatte er doch alles gar nicht erzählen wollen!

Hastig ließ er das Amulett in den Tiefen seines Umhanges verschwinden. „Vergesst einfach, was ich gerade gesagt habe, es gibt kein Amulett." Er hüstelte gereizt und versuchte, mit fahrigen Bewegungen seine Schüler abzulenken. „Ruhe in der Klasse!"

Einen Moment lang herrschte in dem Raum verwirrtes Schweigen.

Dann war es erstaunlicherweise ausgerechnet Bernd, der die Frage stellte, die auch Briegel und Chili beschäftigte. „Nicht, dass es mich interessieren würde, aber wer ist dieser Typ – Der-dessen-Namen-man-nicht-aussprechen-kann?", wollte das Brot wissen.

Dumdidum, der eben noch alles hatte abstreiten wollen, erzählte plötzlich bereitwillig. „Er ist der größte aller Schwarzmagier. Bitterböse, fies und so verrückt wie ein Dungkäfer! Und außerdem ist sein Name sehr schwer auszusprechen."

Chili sprang von ihrem Stuhl auf. „Warum hat ihm denn noch keiner das Handwerk gelegt?" Wenn dieser Kerl ihr über den Weg liefe, würde sie garantiert kurzen Prozess mit ihm machen!

Auch Briegel war aufgebracht. „Genau, wo kommen wir denn da *hin*, wenn hier ein wahnsinniger böser Zauberer herumläuft?"

Bernd sah den Busch von der Seite an. „Die Frage sollte eher lauten: Wie kommen wir von hier w*eg*, wenn hier ein böser wahnsinniger Zauberer herumläuft?"

Dumdidum hatte den dreien zugehört und begann nun, ihnen doch die ganze Geschichte zu erzählen. „Es gibt da eine Prophezeiung!", begann er und schaute Bernd geradewegs in die Augen. „Eines Tages wird ein mächtiger Zauberer kommen, in Kastenform und mit viel zu kurzen Armen. Und der wird sich Dem-dessen-Namen-man-nicht-aussprechen-kann in den Weg stellen und mit ihm kämpfen und ihn nach langem hartem Kampf besiegen …"

Dumdidums Blick schweifte wieder ab. Er dachte kurz nach und fuhr fort: „Oder er wird in zehntausend Fetzen zerrissen und in alle sieben Winde verstreut. Die Prophezeiung ist da ein bisschen ungenau." Entschuldigend hob er die Schultern. „Also, wenn ihr mich fragt, ich glaube eher an den zweiten Teil der Prophezeiung." Dumdidum machte es sich nun wieder auf seinem Stuhl bequem und geriet ins Plaudern: „Wisst ihr, der letzte Typ, der sich ihm in den Weg gestellt hat …" Er fuchtelte mit seinem Zauberstab durch die Luft und zeigte auf eines der Regale an der Wand des Klassenzimmers. „Seht ihr da hinten das Einmachglas? Ja, da ist er drin", erklärte er und wies dann auf ein kleines Kästchen. „Da drin ist er ebenfalls. Und ich glaube, wir haben auch noch ein paar Teile im Westflügel. Mann oh Mann, das war eine Riesensauerei!" Die Erinnerung an diesen missglückten Kampf brachte Dumdidum zum Lachen. „Bin zwei Wochen lang nur mit dem Kehrblech rumgelaufen", kicherte er.

Bernd fand das, was der Zauberer da erzählte, überhaupt nicht komisch. Im Gegenteil: Er war gelähmt vor Entsetzen.

Nun begriffen auch Chili und Briegel, wieso Bernds Anblick den Zauberer immer derart aus der Fassung brachte. Wenn das, was Dumdidum ihnen da offenbart hatte, wirklich stimmte, dann kam ihrem Freund eine ganz besondere Aufgabe zu. Kein Wunder, dass ihm die Blockharz-Zauberschule so viele Briefe geschrieben hatte, um ihn hierher zu locken. Das alles erschien nun in einem völlig neuen Licht.

Bernd spürte, dass alle Blicke auf ihn gerichtet waren – und dies war ihm äußerst unangenehm. „Ich will hier weg!", stieß er zwischen zusammengepressten Lippen hervor.

Chili dagegen hätte alles darum gegeben, wenn die Prophezeiung von einem Schaf gesprochen hätte. „Och menno!", beschwerte sie sich. „Warum darf immer nur Bernd von bösen und wahnsinnigen Zauberern zerfetzt werden?" Beleidigt stützte sie die Ellenbogen auf den Tisch und legte den Kopf in die Hände. „Wie gemein!" Wieso bekam nicht sie die Chance, ein solch fantastisches Abenteuer zu bestehen?

Doch Dumdidum ließ sich nicht auf Diskussionen ein. Energisch klopfte er mit seinem Stab auf das Pult. „Ruhe, Klasse! Euer Unterricht in der Blockharz-Zauberschule beginnt jetzt!" Er deutete auf die Tafel, die direkt neben seinem Pult stand. Darauf standen bereits einige Schriftzeichen, die Chili, Bernd und Briegel jedoch nicht deuten konnten. „Ihr werdet hier die zauberhaftesten Künste lernen: Hexerei, Zauberei, das Mischen von magischen Elixieren und auch das Reiten auf einem Besen. Doch zu allererst wollen wir mit der Verteidigung gegen schwarze Magie beginnen", verkündete Dumdidum und winkte das Brot zu sich heran. „Du da mit dem Kastenkopf, würdest du bitte mal nach vorne kommen?"

Bernd war hellhörig geworden. Das waren ausnahmsweise einmal Töne, die ihm gefielen. „Verteidigung? Wenigstens etwas, das ich gebrauchen kann." In diesem Fall kam er der Aufforderung des Zauberlehrers sogar gerne nach. Er rutschte von seinem Stuhl, drängte sich mit einem knappen „Lass mich mal durch!" an Briegel vorbei und ging schnurstracks zum Lehrerpult.

Dort angekommen, musste er sich allerdings zunächst gedulden, denn als Erstes überreichte Dumdidum den beiden anderen Zauberschülern jeweils ein dickes Buch. Darin stand alles, was sie wissen mussten, um die Fragen beantworten zu können, die er ihnen sogleich stellen würde. Natürlich gab es für die beiden sehr viel zu lernen und es würde lange dauern, bis sie alles begriffen hatten, doch das Handwerkszeug, die Dinge, die unentbehrlich waren, lagen nun sozusagen in ihren Händen.

Chili und Briegel gingen sehr ehrfurchtsvoll mit diesem Besitz um und blätterten beinahe andächtig in den Seiten.

Professor Dumdidum bat jedoch schon bald wieder um ihre Aufmerksamkeit. Denn ein praktisches Exempel bewirkte meist viel mehr als das Lesen von Büchern und lange Reden. Was geschehen konnte, wenn man mit magischen Kräften nicht richtig umging, würde er am Beispiel des Kastenbrots zeigen ...

Bernd lernt, wie man sich gegen schwarze Magie verteidigt.

Der Zauberer sprach eine Formel, stieß seinen Stab in die Luft – und wie aus dem Nichts tauchte ein riesiges Monster mit einem Furcht erregenden Fratzengesicht auf. Es war ein „Ballrog": ein überaus starkes und gefährliches Wesen mit einem Spatzengehirn. Der Ballrog stieß ein bedrohliches Knurren aus und stapfte schwerfällig auf das Brot zu.

Augenblicke später wurde Bernd von dem Ungeheuer gepackt, von pelzigen Armen in die Höhe gerissen und immer wieder durch die Luft geschleudert, sodass ihm Hören und Sehen verging. Plötzlich löste der Ballrog seinen Griff und das Kastenbrot flog quer durch den Klassenraum, krachte gegen die Tafel und knallte dann auf den Boden.

Chili, Briegel und der Zauberlehrer schauten dabei zu, ohne auch nur einen Versuch zu unternehmen, Bernd zu Hilfe zu kommen. Hier ging es schließlich um das Lösen einer Aufgabe, um nichts anderes.

Mit einer schnellen Bewegung seines Zauberstabs ließ Dumdidum den Ballrog verschwinden. Dann wandte er sich an Chili und Briegel: „Wer weiß, was Bernd falsch gemacht hat?"

Chili blätterte aufgeregt in ihrem Buch, konnte aber die Antwort nicht schnell genug finden, denn Briegel kam ihr zuvor. Eifrig meldete er sich mit hoch gestrecktem Finger.

„Ja, Briegel?"

„Er hat vergessen, die Zauberformel ‚Requisat Pace' zu sprechen. Sonst hätte er den Ballrog nämlich schlafen legen können." Briegel war stolz, die richtige Antwort gewusst zu haben.

Chili hingegen schlug ihr Buch zu und schmollte. Aus Büchern zu lernen war nicht ihr Ding. Sie hätte den Ballrog auch ohne Zauberspruch mit einem chilischarfen Stunt besiegt.

Endlich richtete sich Bernd mühsam wieder auf. Obwohl er etwas benommen war, hatte er die streberhafte Antwort des Buschs genau gehört. „Das hätte man mir auch erst sagen müssen, anstatt das Ding gleich auf mich loszuhetzen", sagte er beleidigt.

Dumdidum schnippte mit dem Finger. „Stimmt! Mein Fehler. Hatte ich vergessen", gab er zu, aber so etwas konnte selbst einem erfahrenen Zauberlehrer mal passieren. Statt sich mit dieser Nebensächlichkeit weiter aufzuhalten, fuhr er mit dem Stoff der Unterrichtsstunde fort.

„Kommen wir jetzt zur Verteidigung gegen das gemeine Holunderäffchen", verkündete er und hob seinen Zauberstab.

„Das gemeine WAS?", fragte Bernd, der nichts Gutes ahnte. Leider war es zu spät, um wegzulaufen.

Das angekündigte Monster – ein ungewöhnlich großer Affe mit langem zotteligem Haar und pechrabenschwarzem Gesicht – erschien leibhaftig vor ihm, streckte ihn mit einem gezielten Schlag nieder und sprang laut kreischend auf ihm herum wie auf einer alten Matratze.

Dumdidum nickte anerkennend. Der kastenbrotige Schüler machte das gar nicht schlecht. Er war überzeugt davon, dass die Erfahrungen, die das Brot jetzt machte, ihm später noch von großem Nutzen sein würden.

Auch diese Monster-Attacke überstand Bernd ohne bemerkenswerte größere Schäden. Allerdings hätte er wiederum gerne vorher gewusst, wie man sich gegen diese Art von Ungeheuern verteidigt. Und noch war der erste Schultag nicht zu Ende ...

Für die nächste Lektion ging Dumdidum mit seinen Schülern hinaus in den Schlosshof. Hier durfte Bernd als Erster ausprobieren, wie man auf einem Besen reitet.

Nach einem erfolgreichen Start sauste er ziemlich senkrecht hinauf in den Himmel. Gespannt verfolgten Chili und Briegel seine Flugmanöver, bis sie ihn kaum noch erkennen konnten. Dann verlor er wieder an Höhe, schoss haarscharf an einem der Schlosstürme vorbei, machte einen riesigen Überschlag, drehte sich mehrmals – und fiel den beiden ungebremst mit einem dumpfen Knall direkt vor die Füße.

Der erste Schultag auf Blockharz

Ein gemeines Hollunderäffchen will Bernd angreifen.

Bernd ist mit einem Flugbesen abgestürzt.

Monster aus der Kerkerdimension bedrohen die drei Freunde.

Die Zauberlehrlinge bekommen dank Bernd schulfrei.

Darth Vader hat sich in den falschen Film verirrt.

Der-dessen-Namen-man-nicht-aussprechen-kann mit dem Amulett.

Chili im Reich der Magie.

Dumdidum schien diese Art der Landung schon öfter erlebt zu haben. Er warf dem am Boden liegenden Bernd einen kurzen Blick zu und wandte sich dann an Chili und Briegel, die bereits eifrig in ihren Zauberbüchern herumblätterten.

„Okay, wer von euch weiß, was Bernd falsch gemacht hat?", fragte der Zauberlehrer die beiden.

Diesmal war es Chili, die die richtige Lösung als Erste fand. Sie schnippte wild mit den Fingern.

Der Zauberer nickte ihr zu. „Chili?"

Briegel klappte sein Buch zu und warf es kurzerhand in die Büsche. Er ärgerte sich darüber, dass er diesmal zu langsam gewesen war.

„Der ‚Nölbus 1200 Flugbesen' ist für einen Dreifach-Looping *nicht* geeignet", antwortete Chili und schaute ihren Lehrer triumphierend an.

Inzwischen hatte sich Bernd von seinem Sturz so weit erholt, dass er sich wieder aufrappeln konnte. Langsam kam er auf die Beine, in der Hand einen ziemlich demolierten Flugbesen, mit dem man zur Not noch kehren, aber sicher nicht mehr fliegen konnte. „Und meine Arme sind zu kurz, um ihn zu lenken …"

Auch diese Antwort war richtig, fand Dumdium, und verdiente ein Lob. „Sehr gut. Setzen!"

Wieso Setzen, wo doch gar keine Stühle da sind?, dachte Bernd und fiel einfach wieder um.

Dumdidum und seine beiden Schüler Chili und Briegel achteten nicht weiter auf ihn. Stattdessen schickten sie sich an, wieder in das Innere des Schlosses zurückzukehren.

Da spürte Dumdidum, wie ihn erneut die Müdigkeit übermannte. Für ihn wurde es Zeit, ein kleines Nickerchen zu machen. „Ja, damit ist der heutige Flugunterricht beendet. Ihr dürft euch jetzt zurückziehen und eure Hausaufgaben in dem Fach ‚Zaubertränke und Gebräu' machen."

Er stützte sich auf seinen Zauberstab, während er ging. Chili und Briegel folgten ihm auf dem Fuße.

„Und danach?", fragte das Schaf und zupfte aufgeregt am Umhang des Zauberers. „Haben wir dann frei?"

Dumdidum nickte wohlwollend. „Ja, danach habt ihr frei."

Chili drehte sich zu Briegel um, der hinter ihr kam, und hopste von einem Bein aufs andere. „Uiii, dann können wir uns ja noch ein bisschen in dem tiefen, dunklen verzauberten Wald umschauen, der so aussieht, als wäre er voll von Monstern, Gefahren und anderen Gräulichkeiten!"

„Genau, macht das, was man in eurem Alter so macht. Ich war ja auch mal jung", sagte Dumdidum zerstreut und versank sogleich in Erinnerungen an längst vergangene Zeiten. So merkte er gar nicht, dass Chili und Briegel bereits davoneilten, um so schnell wie möglich ihre Hausaufgaben zu erledigen.

Der Zauberwald erschien den beiden wirklich sehr verlockend. Und wenn sie sogar mit der Erlaubnis des Lehrers dorthin durften, dann konnte es dort ja auch nicht *zu* gefährlich sein ...

Dumdidum war noch immer ganz in seine Gedanken versunken. Plötzlich schrak er zusammen. Er hatte glatt vergessen, seinen Schülern etwas Wichtiges zu sagen. „Moment, nicht in den Zauberwald!", rief er. „Da sind nämlich Monster – mit ganz langen Klauen!" Erst jetzt merkte der Zauberer, dass er ganz allein im Schlosshof stand und niemand mehr seine Warnung hörte.

Dumdidum überlegte kurz, ob er seine Schüler noch würde aufhalten können. Dann jedoch winkte er ab. „Na, die haben ja den Kasten dabei, da kann eigentlich gar nichts passieren", murmelte er in seinen Bart hinein. Bestimmt sammelten Chili und Briegel das Brot unterwegs auf. Ohne ihren Freund unternahmen die beiden schließlich nie etwas. Und wenn ihnen doch etwas zustößt, dachte er, dann habe ich ja noch ein paar Einmachgläser.

Beruhigt schritt Dumdidum weiter. Nach wenigen Metern blieb er jedoch stehen und tippte mit seinem Zauberstab gegen eine mit Efeuranken bewachsene Mauer. „War da nicht eine Tür gewesen?", fragte er laut. „Verdammt noch mal, ich glaube, ich habe mich schon wieder verlaufen. Jedes Mal dasselbe in diesem blöden Schloss." Ohne recht zu wissen, wo er nun langmusste, ging er weiter. Irgendwann würde er den Eingang schon finden. Wenn er nur nicht so furchtbar müde wäre ... Dumdidum schüttelte den Kopf und gähnte herzhaft.

Der Zauberlehrer hatte Recht gehabt. Chili und Briegel hatten Bernd wieder auf die Beine geholfen und ins Klassenzimmer mitgeschleppt, obwohl er von Zauberei fürs Erste die Nase voll hatte.

Nun saßen die drei Zauberschüler an einem Tisch voller Glaskolben und Reagenzgläsern, in denen rote, grüne und schwefelgelbe stinkende Flüssigkeiten brodelten. Überall schäumte und dampfte es...

Bernd saß vor einem besonders großen Glasgefäß mit einer

„In den Krötensaft niemals Zylindermolche geben!"

gefährlich blubbernden Suppe und starrte es an, als sei es mindestens so gefährlich wie der Ballrog. „Das soll eine Hausaufgabe sein?", fragte er, das Schlimmste befürchtend. „Das sieht eher aus wie ..."

In diesem Moment gab es einen gewaltigen Knall.

Bernd zuckte zusammen. „Ja, genau so sieht es aus – nach Bumm und Peng und Wahnsinn!" Er hatte sich von diesem Schreck noch nicht erholt, da bemerkte er etwas anderes, das ihn beunruhigte – ein nervtötendes hohes Geräusch in seinem Kopf. „Was pfeift denn hier so laut? Hört ihr das auch?" Angstvoll blickte er sich um, auf der Hut vor weiteren unangenehmen Überraschungen.

„Aber Bernd, das steht doch hier geschrieben", sagte Briegel vorwurfsvoll und tippte auf eine Seite in dem aufgeschlagenen Zauberbuch, das vor ihm auf dem Tisch lag. „In den Krötensaft niemals Zylindermolche geben!" Er schüttelte den Kopf. Bernd könnte sich auch wirklich mal ein bisschen mehr anstrengen, fand Briegel.

Chili war währenddessen damit beschäftigt, den Ablauf der Experimente in ihrem Zauberbuch genau zu verfolgen. Sie nickte zustimmend zu Briegels Worten und konnte noch eine Erkenntnis beisteuern. „Das verdirbt den Geschmack!", erklärte sie und fügte kichernd hinzu: „Ach ja – und es explodiert!" Aus diesem Grund mochte sie diese Art von Experimenten besonders gerne.

Bernd verzog das Gesicht. Sehr *nett*, dass die beiden ihm das jetzt schon sagten ... Viel mehr interessierte ihn im Moment aber dieses Geräusch, das ihn immer noch quälte. „Es pfeift hier! Hört ihr das nicht?", fragte er panisch und merkte im selben Moment schlagartig, was wirklich los war. „Es pfeift in meinem Kopf!" Was war nur mit ihm geschehen? War er womöglich verhext worden?

Jetzt reichte es Bernd endgültig. „Ich habe die Nase voll! Ich will kein Zauberer sein! Das ist ja noch gefährlicher, als bei euch in der Garderobe zu hocken – mit Abstand!"

„Ach was, Berndi! Nun hab doch mal ein bisschen Spaß an der Sache!", versuchte Briegel ihn aufzumuntern, während er eifrig mit einem Glaskolben voller explosiver Kügelchen herumhantierte.

„Das ist doch alles halb so gefährlich, wie es aussieht!", pflichtete Chili ihm bei. Als sie jedoch Bernd einen Blick zuwarf, wurde ihr klar, dass sie wohl besser eine Pause einlegten. Außerdem hatte sie selbst Lust, mal für eine Weile aus

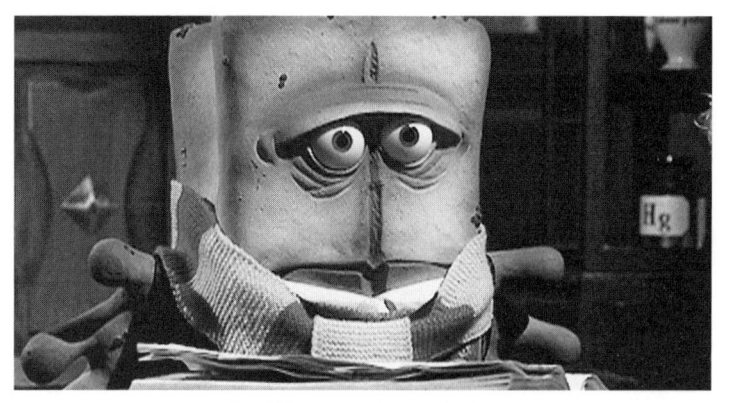

Bernd will keine Zaubertränke brauen.

diesem Klassenzimmer herauszukommen. „Kommt, wir machen erst mal einen Spaziergang", rief sie und schlug ihr dickes Buch zu.

Das ließ sich Bernd nicht zweimal sagen. „Okay, bei einem Spaziergang kann ja nicht so viel passieren." Er schluckte. „Hoffentlich!" So schnell er konnte, kastete er aus dem Klassenzimmer.

Schon sehr bald bereute Bernd diesen Entschluss zutiefst. Der Busch und das Schaf waren nämlich schnurstracks und kopflos wie immer in den verzauberten Wald gerannt. Stockdunkel war es dort zwischen den hohen Bäumen und – viel schlimmer noch – überall wimmelte es von grässlichen Monstern, die die drei Freunde kreuz und quer durch den Wald jagten. Zu allem Überfluss schwangen die Ungeheuer auch noch riesige Waffen.

Briegel, Chili und Bernd rannten um ihr Leben.

„Wer ... wollte ... denn ... unbedingt ... auf eine ... Zauberschule?", japste Bernd völlig außer Atem.

Chili zuckte mit den Schultern. Das war genau nach ihrem Geschmack. Echte Monster aus der Kerkerdimension mitten im magischen Gruselwald waren chilischärfer als ein Ballrog im Klassenzimmer. Hier gab es keinen Zauberer, der die Monster wieder verschwinden ließ, wenn es gerade richtig spannend wurde.

Aber Chili war nicht bereit, sich von diesen Ungeheuern einfach in die Flucht schlagen zu lassen. Abrupt blieb sie stehen. „Wartet!"

Briegel und Bernd gerieten hinter ihr ins Stolpern.

Wozu hatten sie von Dumdidum den Umgang mit solchen Monstern gelernt? Entschlossen fuhr Chili mit ihrem Zauberstab durch die Luft. „Retrearum Forteglas!", rief sie mit lauter Stimme.

Die Monster kamen näher, doch damit nicht genug – sie wurden plötzlich riesengroß, viel größer, als sie ohnehin schon gewesen waren!

Chilis Mund klappte auf und wieder zu. Da musste sie wohl den falschen Zauberspruch gewählt haben ...

Auch wenn Chili es nie zugeben würde, in diesem Fall war Flucht doch das bessere Mittel. Mit einem Aufschrei drehte sie sich um und rannte weg, gefolgt von ihren beiden Freunden.

Doch die Monster blieben ihnen auf den Fersen und kamen immer näher und näher ... Chili, Briegel und Bernd waren fast am Ende ihrer Kräfte, als endlich ein riesiger Stein in Sicht kam, hinter dem sie sich für einen Moment verstecken konnten. Sie drückten sich dagegen, in der Hoffnung, dass die Monster einfach an ihnen vorbeiliefen.

Und genau das geschah! Die drei atmeten erleichtert auf. Da hatten sie noch einmal Glück gehabt! Sie warteten ein Weilchen ab, dann wagten sie sich wieder aus ihrem Versteck hervor.

„Komisch, dabei hat Dumdidum gesagt, dass wir den Wald ruhig betreten können ...", meinte Briegel und schüttelte den Kopf. Wie hatte der Zauberer sie nur so unvorbereitet in die Gefahr hineinlaufen lassen können? Oder war das Ganze eine seiner Prüfungen gewesen?

„Wenn wir *wollen*, hat er gesagt", verbesserte Chili ihn.

„Vielleicht sollte das heißen, wenn wir wollen, dass uns Monster aus der Kerkerdimension zu Mus verarbeiten?", fragte Bernd.

Chili nickte eifrig. „Ja, das hat er wohl damit gemeint."

„Aha." Bernd verstand. Das war typisch für das bekloppte Schaf. Aber wie auch immer, jetzt ging es erst einmal darum, schnellstmöglich von hier wegzukommen. Und Bernd hatte keine Ahnung, wo es langging. Bei der wilden Flucht zwischen den Bäumen hindurch hatte er vollkommen die Orientierung verloren. Fragend blickte er erst Briegel und dann Chili an. „Wisst ihr, wie wir hier wieder rauskommen?"

Ohne zu zögern, deuteten die beiden in entgegengesetzte Richtungen und entschieden: „Da lang."

„Ah, na dann!" Bernd atmete tief ein. Seufzte. Und tat dann, was er meistens irgendwann machte, wenn er mit dem Busch und dem Schaf zusammen war: „Hiiiiiilfe!"

Duell der Zauberer

Acht Stunden und etwa tausend Waldmonster später befanden sich Bernd, Briegel und Chili wieder sicher in ihrem Klassenzimmer.

Mit viel Glück hatten sie es doch noch geschafft, den verzauberten Wald hinter sich zu lassen.

Und das, obwohl Bernd durch sein Geschrei die Monster unabsichtlich wieder auf ihre Fährte geführt hatte. Nur knapp war es den dreien gelungen, den Ungeheuern zu entwischen und den Weg zurück ins Schloss zu finden.

Nun saßen Bernd, Chili und Briegel an ihren Pulten und lasen.

Chili hatte sich eine Zeitung vorgenommen, die sie eifrig studierte. Plötzlich entdeckte sie etwas, das sie zuerst kaum glauben konnte. „Wow! Hier in der Zaubererzeitung steht, dass Der-dessen-Namen-man-nicht-aussprechen-kann wieder sein Unwesen treibt!" Hektisch wedelte sie mit der Zeitung in der Luft herum. „Einige Leute haben ihn angeblich sogar hier in der Zauberschule gesehen!"

Briegel griff sich die Zeitung und überflog den Artikel voller Interesse. Es war ziemlich beunruhigend, was da über Den-dessen-Namen-man-nicht-aussprechen-kann geschrieben stand. „Das gibt es doch nicht!", rief er empört. „Der bringt noch die ganze schöne Zauberei in Verruf mit seiner Bösartigkeit! Hier steht, dass er ein magisches Amulett klauen wollte, das in den falschen Händen eine Katastrophe heraufbeschwören könnte! Aber das heldenhafte Zaubereiministerium hat es in Sicherheit gebracht!"

In dem Moment hörten die drei, wie hinter ihnen die Tür geöffnet wurde. Schnell drehten sie sich um.

Dumdidum kam herein, in der Hand eine zerknitterte Tüte, mit der er nervös herumhantierte. Seine Schüler bemerkte er nicht.

„Hallo!", rief Chili ihm fröhlich zu und winkte.

Dumdidum erschrak sich fast zu Tode. Er fuhr zu den Freunden herum. Sein Gesicht war kalkweiß, seine Augen weit aufgerissen. „O nein! Der-dessen-Namen-man-nicht-aussprechen-kann!" Er hielt die Tüte, von der plötzlich ein geheimnisvolles Leuchten ausging, vor sich wie einen Schutzschild. „Hier, nimm das Amulett, aber lass mich in Frieden!", schrie er panisch.

Bernd sah ihn zweifelnd an. „Das nenne ich heldenhaft!"

Als er die Stimme des Brotes hörte, begriff Dumdidum endlich, wen er vor sich hatte. Langsam fand er seine Fassung wieder. „Ach so, ihr seid es." Er lächelte gequält. „Vergesst, was ich gerade gesagt habe. Es gibt überhaupt kein Amulett! Ähm, jetzt habe ich vergessen, was ich sagen wollte..."

„Schulfrei?", schlug Bernd vor. Versuchen konnte man es ja mal. Zu seiner Überraschung ging der Zauberer auf diesen Vorschlag ein.

„Ja! Das ist eine sehr, sehr gute Idee! Ihr habt heute schulfrei, weil ich das Amulett verstecken muss. Äh ..." Er schüttelte verwirrt den Kopf. „Nein, nein. Weil Ostern und Weihnachten auf einen Tag fallen oder so. Egal. Viel Spaß heute." Dumdidum machte auf dem Absatz kehrt und ging. Ohne sich noch einmal umzudrehen, zog er die Tür hinter sich zu, sichtlich erleichtert, verschwinden zu können.

Die Freunde sahen sich verwundert an. Irgendetwas stimmte da nicht.

Für Chili war die Sache klar. „Ich wette, in der Tüte war das Amulett!" Wenn Dumdidum glaubte, ihnen etwas vormachen zu können, dann hatte er sich getäuscht.

„Genau." Briegel war sich da ebenfalls sicher. „Und bestimmt kommt Der-dessen-Namen-man-nicht-aussprechen-kann, um es zu holen."

„Und bestimmt habt ihr jetzt vor, euch deshalb so weit wie möglich fern zu halten von diesem Amulett, oder?", fragte Bernd. Leider glaubte er selbst nicht recht an sein Glück. Das wäre das erste Mal, dass sich seine beiden Freunde vernünftig verhielten. Stattdessen brachten sie lieber sich selbst und andere in Schwierigkeiten, mit Vorliebe ihn.

Tatsächlich dauerte es nicht lange und Bernd kastete hinter Briegel und Chili durch die Katakomben tief unter dem Schloss. Die drei hatten sich leise und so, dass Dumdidum es nicht bemerkte, an dessen Fersen geheftet. So waren sie zu dem Ort gelangt, an dem der Zauberer das wichtigste und zugleich gefährlichste Amulett der gesamten magischen Welt versteckt hatte.

Wenn irgendwo dieser gefürchtete Schwarzmagier, Der-dessen-Namen-man-nicht-aussprechen-kann, der böseste Bösewicht der Zaubererzunft auftauchen würde, dann war das genau an dieser Stelle. Dessen war sich Chili absolut sicher. Und ebenso sicher stand fest, dass sie, Briegel und Bernd ihn daran hindern würden, zuerst das Amulett und dann die Weltherrschaft an sich zu reißen.

Hier unten in den Gewölben war es sehr dunkel. Deshalb hatten Chili und Briegel Laternen dabei. Bernd hatte keine bekommen, denn mit seinen viel zu kurzen Armen hätte er sie ohnehin nicht tragen können.

Da entdeckten die drei einen großen Felsbrocken, auf dem völlig schutzlos die Tüte mit dem Amulett lag. Hatte Dumdidum in seiner Verwirrung vergessen, das Amulett richtig zu verstecken?

Ein magisches Leuchten und Schimmern ging von dem Zauberamulett aus und nahm die Freunde ganz in seinen Bann. Beinahe ehrfürchtig standen sie davor, bereit, alles zu tun, damit Der-dessen-Namen-man-nicht-aussprechen-kann das Amulett nicht stehlen konnte. Wirklich alles?

Bernd seufzte. „Na ja. Es hätte ja sein können, dass ich *einmal* Recht habe."

„Keine Sorge, Bernd. Du bist doch der Auserwählte. Solange du hier bist, ist das Amulett sicher." Briegel klopfte ihm wohlwollend auf die Kruste.

„Ach?" Wieder einmal zweifelte Bernd ernsthaft am Verstand des Busches. Der Auserwählte? So etwas gab es doch nur im Märchen – oder im Film.

„Du weißt doch noch, was Professor Dumdidum gesagt hat." Chili leuchtete Bernd mit ihrer Laterne direkt ins Gesicht. „Laut Prophezeiung wird Der-dessen-Namen-man-nicht-aussprechen-kann von einem Zauberer mit viel zu kurzen Armen und einem Kastenkopf besiegt!"

Bernd konnte es nicht fassen. Wie oft, wie viele tausende Male hatte er bereits umsonst auf seine missliche Lage hingewiesen. „Ach, jetzt auf einmal, in dieser Situation, erkennt ihr, dass meine Arme zu kurz sind!", beschwerte er sich.

Seine Stimme hallte in den felsigen Katakomben so laut nach, dass Briegel sich besorgt umschaute. Schnell legte er den Finger an seine Lippen. „Pst, Bernd! Wir wissen nicht, was die Katakomben hier in dem Schloss alles für Schrecken bergen!"

Briegel hatte den Satz noch nicht zu Ende gesprochen, als die Freunde hinter sich ein seltsames Rauschen hörten, das immer lauter wurde. Entsetzt schrien sie auf.
„Waaaah!"
„Waaaah!"
„Waaaaaaah!"
Ruckartig drehten sich Chili und Briegel um. Bernd tat es ihnen nach, so schnell es seine Kastenform zuließ.
Im Schatten konnten sie nur eine Bewegung wahrnehmen. Auf einem großen Stein landete eine finstere Gestalt. Sie trug ein dunkles Gewand und Panzerhandschuhe mit Metallkrallen. Eine dieser Klauen schnellte vor, erreichte die Freunde jedoch nicht.
Chili, Bernd und Briegel standen da, starr vor Schreck, unfähig, einen weiteren Laut von sich zu geben.
Dafür sprach das unheimliche Wesen zu ihnen. Seine

„Habt ihr einen Hobbit mit einem goldenen Ring gesehen?"

Stimme klang dumpf und wie aus weiter Ferne. „Entschuldigt, habt ihr einen Hobbit mit einem goldenen Ring gesehen?"

Niemand antwortete. Die drei begriffen zunächst gar nicht, was die Gestalt von ihnen wollte.

Schließlich war es Bernd, der ein schwaches „Nein!" hervorstieß.

„Ach so. Trotzdem danke", sagte die Gestalt höflich, erhob sich und wandte sich an ihre Begleiter, die die Freunde gar nicht bemerkt hatten, weil sie irgendwo in der Finsternis versteckt sein mussten. „He, Jungs! Ich glaube, wir haben uns wieder verfranst!" Dann verschwand die Gestalt.

Kein beruhigendes Gefühl, dass sich hier unten offenbar noch mehr Furcht einflößende Geschöpfe herumtrieben. Trotzdem waren die Freunde froh, dass es wenigstens nicht Der-dessen-Namen-man-nicht-aussprechen-kann gewesen war.

„Ihr seid im falschen Film!", rief Chili dem unbekannten Wesen schnell noch nach.

„Das Gefühl habe ich auch – immer." Bernd seufzte.

Prompt tauchte die nächste unheimliche Figur auf. Es war kein Geringerer als Darth Vader. „Ich bin ...", wollte er sich gerade vorstellen, doch Chili unterbrach ihn.

„... im falschen Film!"

„Oh, das tut mir Leid!", entschuldigte sich Darth Vader und verschwand wieder.

„Warum versteckt man eigentlich ein Amulett ausgerechnet da, wo man alle naselang über Oberschurken stolpert?", wunderte sich Bernd.

Darauf wussten auch Chili und Briegel beim besten Willen keine Antwort.

Ehe sie weiter über diese Frage nachdenken konnten, trat plötzlich wie aus dem Nichts ein recht normal und bieder wirkender Mann auf sie zu. Er trug einen mausgrauen Anzug, Schlips und Kragen und hatte eigentlich überhaupt nichts Bedrohliches an sich. Aber wenn er sich hier in den Katakomben herumdrückte, dann konnte er es nur auf das Amulett abgesehen haben, dachte Bernd. Und das wiederum bedeutete …

Chili, Briegel und Bernd schrien gleichzeitig auf. „Ah! Der-dessen-Namen …"

„… man-nicht-aussprechen-kann, genau!", ergänzte der Fremde und lachte amüsiert. „Hallo, hallo."

Chili war ein wenig enttäuscht. „Ich hatte Sie mir irgendwie etwas irrer und zauberischer vorgestellt!"

„Ach so, ja, das tut mir Leid. Mein schwarzer Umhang ist gerade in der Reinigung. Aber ich könnte ein bisschen irre lachen, wenn ihr wollt", sagte er freundlich.

Briegel ließ sich von der vordergründigen Nettigkeit des Mannes nicht täuschen. Vor ihnen stand ein gefährlicher und skrupelloser Zauberer, mochte er auch noch so unscheinbar aussehen. Dumdidum hatte sicherlich nicht umsonst solche Angst vor Dem-dessen-Namen-man-nicht-aussprechen-kann. Sie mussten auf der Hut sein! Briegel griff sich Bernd und schob ihn entschlossen nach vorne.

Mit seiner Laterne leuchtete Briegel Bernds Kastenkopf an. „So! Jetzt kannst du was erleben! Schau her, hier ist dein schlimmster Albtraum!" Er schubste Bernd noch ein bisschen weiter nach vorne, auf den Zauberer zu.

Ängstlich starrte Bernd sein Gegenüber an. Er schluckte hilflos. „Hallo. Ich bin dein schlimmster …" Er stockte. „… Albtraum."

Einen Moment wusste Der-dessen-Namen-man-nicht-aussprechen-kann nicht, was er darauf erwidern sollte. Dann jedoch begriff er und grinste. „Das darf doch nicht wahr sein! Ihr redet von der Prophezeiung, diesem Schwachsinn!", rief er lachend. „So ein Quatsch, die habe ich doch selbst in Umlauf gebracht. Ich hätte natürlich nicht gedacht, dass es tatsächlich jemanden gibt, der so kurze Arme hat und solch eine Kastenform. Also, Sachen gibt's!"

„Keine Prophezeiung?" Betrübt ließ Chili ihre Laterne sinken. Dabei hatte sich die Geschichte, die Dumdium ihnen erzählt hatte, so schön angehört – nach ganz vielen Abenteuern.

Briegel und Bernd hingegen waren erleichtert, dass sie offenbar nicht vor einem boshaften Zauberer standen. Dumdidum hatte vielleicht nur ein bisschen zu viel Fanstasie – oder den schmalen Grad der Verwirrung in Richtung Wahnsinn überschritten.

Der-dessen-Namen-man-nicht-aussprechen-kann machte einen Schritt nach vorn und die Freunde traten automatisch zur Seite. Es gab keinen Grund mehr, ihn aufzuhalten.

Der Mann griff nach der Tüte mit dem Amulett und wieder ging ein Leuchten davon aus, das die ganze Szene in ein geheimnisvolles Licht tauchte.

Vorsichtig öffnete Der-dessen-Namen-man-nicht-aussprechen-kann die Tüte, holte das Zauberamulett heraus und strich vorsichtig darüber. „So, da ist das Amulett, sehr schön." Dann ließ er es in seiner Jackentasche verschwinden. „Ich denke mal ... damit werde ich die Weltherrschaft an mich reißen, genau. Das ist eine gute Idee." Seine Augen glitzerten auf einmal listig und kalt. Auch seine Stimme klang plötzlich nicht mehr so harmlos wie zuvor.

Mit einer flinken Handbewegung zückte er einen Zauberstab, den er in der Innenseite seines Jacketts versteckt hatte. „Na, dann will ich euch mal in Stücke fetzen, was?" Er machte einen Satz auf die Freunde zu und holte blitzschnell mit dem Stab aus.

Der-dessen-Namen-man-nicht-aussprechen-kann war absolut überzeugt davon, die drei Freunde problemlos ausschalten zu können. Bisher hatten sie sich von ihm schließlich leicht an der Nase herumführen lassen.

Doch da täuschte er sich gewaltig.

„Chilipower!!!", hallte es durch die Katakomben und schon sprang Chili den Zauberer an und warf ihn um.

Briegel erkannte sofort, dass dies in einen wilden Kampf ausufern würde. Deshalb schob er das Brot eilig hinter einen Stein. „In Deckung, Bernd!"

Bernd war froh, nicht zwischen einem wahnsinnigen Zauberer und einem bekloppten Schaf stehen zu müssen. Kaum zu sagen, wer von beiden das größere Übel für ein Brot war.

Chili gab ihr Bestes. Zack – Boing – und wieder Zack! Sie kämpfte mit wilder Entschlossenheit und verpasste ihrem Gegner einen Faustschlag nach dem anderen.

Briegel feuerte sie begeistert an. „Ja! Ja!" Jedes Mal, wenn Chili traf, riss er die Arme in die Höhe.

Der-dessen-Namen-man-nicht-aussprechen-kann war sichtlich überrascht, dass ein Schaf so viel Kraft besaß. Es war eine sehr gute Kämpferin, das musste er zugeben. Einige Male geriet der Zauberer sogar ins Straucheln, konnte sich aber immer wieder fangen.

Der Kampf der beiden wurde immer erbitterter.

Während in den Katakomben des Schlosses die Zauberstäbe und Fäuste flogen, saß Dumdidum oben in seinem Studierzimmer. Vor ihm auf dem Tisch stand sein „Televisor", die Kristallkugel, mit der er alle möglichen Orte auf der Welt beobachten konnte. Jetzt interessierte ihn allerdings nur eins: wie es seinen Schülern in dem Keller ging, denn natürlich hatte er genau gemerkt, dass sie ihm gefolgt waren.

„Na, dann wollen wir doch mal sehen." Gespannt rieb sich der Zauberer die Hände. Nun würde sich zeigen, ob seine Mühen auch nicht umsonst gewesen waren ... Hatten die drei genug bei ihm gelernt, um diese Prüfung zu bestehen? Und würde es das Brot wirklich schaffen, Den-dessen-Namen-man-nicht-aussprechen-kann zu besiegen?

Aus keinem anderen Grund hatte Dumdidum schließlich all diese Briefe geschrieben und das Kastenbrot nach Blockharz gelockt. Nun kam es darauf an!

Nachdem er mit seinem Zauberstab zweimal gegen die Ku-

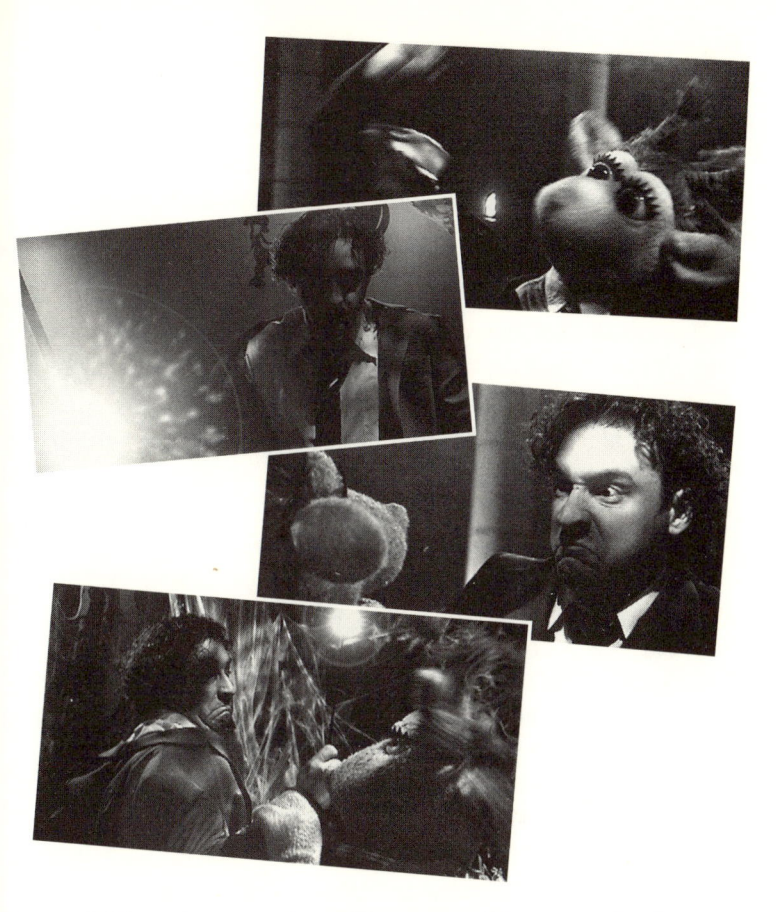

Chili kämpft mit Dem-dessen-Namen-man-nicht-aussprechen-kann.

gel getippt und laut „Visualis!" gerufen hatte, flackerten die ersten Bilder aus den Katakomben auf. Gebannt schaute sich der Zauberer das Treiben an. Zu seinem Erstaunen sah es ganz so aus, als würde es nicht Bernd, sondern Chili gelingen, den Widersacher zu überwältigen. Dumdidum war beeindruckt, was für eine starke Faustkämpferin das Schaf war, und feuerte es lautstark an. „Ja, ja! Gib's ihm! Ja!"

Dumdidums Rufe konnte Chili natürlich nicht hören. Trotzdem war sie für einen kleinen Moment unachtsam, vielleicht, weil sie sich ihrer Sache schon zu sicher gefühlt hatte.

Diese Chance ließ sich Der-dessen-Namen-man-nicht-aussprechen-kann nicht entgehen. Er verpasste Chili einen gut platzierten Kinnhaken.

Chili stöhnte kurz auf und sank benommen zu Boden.

Die ganze Zeit während des Kampfes hatte Der-dessen-Namen-man-nicht-aussprechen-kann seinen Zauberstab nicht losgelassen. Dies kam ihm nun zugute. Er fuhr damit durch die Luft – und von einer Sekunde auf die nächste leuchtete der Stab gleißend hell auf und verwandelte sich in ein Schwert.

Chili stand gerade wieder auf. Sie fühlte sich noch etwas wacklig auf den Beinen, doch sie war bereit für das nächste Gefecht. Da fiel ihr Blick auf ein Schwert, das plötzlich vor ihr in einem Stein steckte. Wie es dorthin gekommen war, war ihr zwar ein Rätsel, doch im Moment war das auch nicht wichtig.

Beherzt griff Chili nach der Waffe, die sich tatsächlich aus dem Stein löste. Als sie merkte, dass diese sich wie ein ganz normales Schwert anfühlte und in ihrer Hand nicht etwa zu Staub zerfiel, atmete sie auf. Allerdings traf plötzlich ein heller Lichtstrahl das Schwert, doch im Moment hatte das Schaf keine Zeit, sich darüber zu wundern.

Augenblicke später war der Kampf wieder in vollem Gange. Chili war nämlich auch eine sehr gute Schwertkämpferin! Geschickt wich sie den Angriffen ihres Gegners aus und teilte selbst immer wieder gewaltige Hiebe aus. Ein paar Mal ging der Oberschurke sogar zu Boden, schaffte es aber immer wieder hochzukommen und das Schaf zu attackieren.

Und dann passierte es: Der-dessen-Namen-man-nicht-aussprechen-kann führte seine Waffe mit solcher Gewalt, dass Chili ihr Schwert nicht mehr halten konnte. Es flog in hohem Bogen durch die Luft und blieb mit der Spitze voran im Boden stecken – fast vor Briegels Füßen. Kaum hatte das

Schwert die Erde berührt, flammten rote Blitze auf, und es verwandelte sich wieder in einen Zauberstab.

Das war Briegels Chance: Mit einem schnellen Satz war er da und hob ihn auf. Doch was war das? Plötzlich sprang aus der Spitze des Stabs ein Plastikblumenstrauß heraus. Sollte das etwa ein stinknormaler Scherzartikel sein? Egal, dachte der Busch und schleuderte den Stab samt Strauß mit voller Wucht Dem-dessen-Namen-man-nicht-aussprechen-kann direkt ins Gesicht.

Als dieser das eigentümliche Wurfgeschoss auf sich zufliegen sah, riss er erstaunt den Mund auf – und der Stab flog ihm samt Blumen in den weit geöffneten Rachen …

Briegel jubelte und lachte. Mit dem Strauß vor dem Gesicht sah dieser gefährliche Zauberer wirklich total bescheuert aus.

Aber er hatte sich zu früh gefreut. Ohne das geringste Problem zog sich der Mann den Zauberstab wieder aus dem Mund und lachte höhnisch. „Na? Willst du mich mit Blumen stoppen, Busch?"

Briegel stand wie angewurzelt da und wusste nicht, was er tun sollte.

Blitzschnell nutzte Chili den Augenblick, in dem der Zauberer mit Briegel beschäftigt war und ihr keine Aufmerksamkeit schenkte. Chili stürzte sich auf ihn und verpasste ihm einen so gewaltigen Schlag mit der Faust, dass er umfiel.

Endlich kam auch in Briegel wieder Leben. Begeistert klatschte er in die Hände. „Jippie! Ja, sehr gut!"

Leider erholte sich Der-dessen-Namen-man-nicht-aussprechen-kann schnell von Chilis Kinnhaken. Nun war er noch wütender als vorher. Blitzschnell griff er nach dem Zauberstab, der ihm aus der Hand gefallen war und inzwischen wieder ganz normal aussah, und wollte damit auf Chili losgehen.

Chili versuchte den Zauberer am Arm festzuhalten, aber sie schaffte es nicht.

Plötzlich schoss aus dem Zauberstab ein roter Funke heraus und unter ohrenbetäubendem Donnern trat ein Geist der Kerkerdimension aus dem Dunkel der Katakomben. Grelle Lichtzungen umtanzten seinen Leib. Auf seinem Hals saß ein Totenkopf, den er sich unter finsterem Gelächter abriss und unter den Arm nahm. Langsam, aber unaufhaltsam kam die grässliche Gestalt auf Chili zu.

Doch Chili gab nicht auf. Mit aller Kraft versuchte sie, Dem-dessen-Namen-man-nicht-aussprechen-kann den Zauberstab zu entreißen. Vielleicht konnte sie mit ihm den Geist wieder verschwinden lassen …

Stattdessen schossen immer neue Lichtblitze aus dem magischen Stab und richteten weiteres Unheil an. Ein zweiter Geist tauchte auf, wie eine Mumie verpackt und markerschütternde Schreie ausstoßend – dann der nächste mit riesigen Hörnern auf dem Kopf und giftgrün leuchtenden Augen – und noch einer, der mindestens drei Meter groß war und eine gewaltige Keule schwang – und noch einer …

Da schlug mit einem Krachen einer der Blitze in die Decke ein – und plötzlich erhob sich ein riesiger Felsbrocken in die Luft. Er schwebte zu Briegel hinüber und hielt genau über dessen Kopf inne. „Vorsicht, Briegel!", schrie Chili und deutete aufgeregt nach oben. „Duck dich!"

Briegel erschrak. Ein Glück, dass Chili ihn warnte, denn er selbst hatte die Gefahr, in der er sich befand, gar nicht bemerkt. Schnell machte er ein paar Schritte zur Seite, doch der Felsbrocken folgte ihm. Er lief in die andere Richtung, und der Brocken folgte ihm erneut. Es gab kein Entrinnen. Jeden Augenblick konnte der Stein auf ihn niederstürzen und ihn unter sich begraben.

Briegel geriet in Panik. Was hier geschah, war nicht nur ausgesprochen unheimlich, sondern konnte sie auch das Leben kosten. Bisher hatte er das Ganze für ein spannendes Abenteuer gehalten, doch es war weit mehr als dies. Hier ging es um alles!

Bernd war dies schon lang klar. Immer wieder beugte er sich aus seinem Versteck ein wenig vor, um zu schauen, ob die Luft rein war. Das war sie natürlich ganz und gar nicht. Ob sie hier jemals lebend herauskommen würden?

Chili bekam den Arm des Zauberers zu fassen und riss daran. Wieder stoben Lichtblitze aus dem Stab, den Der-dessen-Namen-man-nicht-aussprechen-kann festhielt.

Auch diesmal schlugen die Blitze in die Decke ein. Auf einmal verschwanden alle Geister auf genauso mysteriöse Weise, wie sie erschienen waren. Und es geschah, was Briegel die ganze Zeit befürchtet hatte – der Felsbrocken stürzte zu Boden! Gerade noch rechtzeitig sprang der Busch zur Seite. Da hatte er noch einmal Glück gehabt!

Chili schwebt unter Hypnose über dem Boden.

Um Chili stand es da schon wesentlich schlechter. Der-dessen-Namen-man-nicht-aussprechen-kann hielt sie mit einem Bann gefangen. Der Zauberer stand da, seinen Stab fest auf das Schaf gerichtet, und hob es wie von unsichtbarer Geisterhand geführt in die Luft. Dabei murmelte er geheimnisvolle magische Formeln.

Wie sehr sich Chili auch bemühte, sie konnte sich beim besten Willen nicht bewegen. Es war, als gehorche ihr ihr

Körper einfach nicht mehr. „Lass mich wieder runter!", stieß sie mit gepresster Stimme hervor. Sie hatte Mühe, überhaupt noch einen Ton herauszubringen.

Aber der Zauberer dachte gar nicht daran. Mit seiner hypnotischen Kraft ließ er Chili durch die Gegend schweben. Dann holte er mit seinem Stab aus und schleuderte sie – ohne sie selber zu berühren – mit voller Wucht gegen die Wand.

Als sie mit einem dumpfen Geräusch abprallte und regungslos zu Boden sackte, lachte der Zauberer böse. Diese drei merkwürdigen Gestalten hatten sich offenbar wirklich eingebildet, ihn besiegen zu können. Das war ein großer Fehler gewesen. Langsam drehte sich Der-dessen-Namen-man-nicht-aussprechen-kann zu Briegel um.

Der Busch zitterte wie Espenlaub. Ihm war klar, dass ihm nun ein ähnliches Schicksal wie dem Schaf drohte.

„Ein letzter Wunsch?", fragte der Zauberer und schwang seinen Stab.

Eigentlich wollte Briegel etwas sagen, brachte aber keinen Ton heraus.

Dies war der Moment, in dem es Bernd in seinem Versteck nicht mehr aushielt. Zwar hatte das Brot keine Ahnung, was es in dieser gefährlichen Situation tun sollte, aber irgendetwas musste passieren. Entschlossen kastete Bernd hinter dem Stein hervor, hinter dem er sich verborgen hatte, und stellte sich vor Briegel.

Ohne lange nachzudenken, begann Bernd zu sprechen. „Äh, ich hätte da eine Frage!"

Der Zauberer war so überrascht, dass er mitten in der Bewegung innehielt. Langsam ließ er die Arme sinken und musterte das Brot verwundert.

„*Wieso* nennt man dich denn Der-dessen-Namen-man-nicht-aussprechen-kann?"

Der Zauberer zögerte einen Moment, dachte kurz nach. Er spielte mit dem magischen Stab in seinen Händen und schien vollkommen vergessen zu haben, welch gewaltige Kräfte dieser ihm verleihen konnte. Plötzlich wirkte er wieder wie ein ganz normaler, harmloser Mann. „Na ja, mein Name ist eben sehr schwer auszusprechen", begann er freundlich. „Allein schon der Versuch treibt manche Leute komplett in den Wahnsinn. Es ist wirklich verrückt!" Er grinste und musste selbst lachen.

„Aha." Das hatte Bernd eigentlich auch schon vorher gewusst. „Wie ist er denn nun, dein Name?"

Diese Frage brachte den Zauberer ins Stottern. „Ähm, also, das ist so. Ich selbst habe ihn auch schon lange nicht mehr ausgesprochen, weil er wirklich sehr schwierig ist. Aber ich kann es natürlich, ich meine, ich heiße ja so", versicherte er schnell. „Also, ich heiße mit Nachnamen Voldimtzctsch ... nein ... Voldimitzchsts ... Nein, so ähnlich. Ich heiße Voldmitzch ... Wohltschmidtz ..." Er holte kurz Luft. „Mann, ich habe den schon so lange nicht mehr sagen müssen, diesen blöden Namen! Ich heiße: Vomtschmitzlidchz, nein ... Ich drehe noch durch!"

Immer mehr steigerte sich der Zauberer in den verzweifelten Versuch hinein, seinen Namen richtig über die Lippen zu bringen. Aber es gelang ihm einfach nicht. Sein Kopf war vor lauter Anstrengung knallrot geworden, der Schweiß rann ihm in Bächen hinunter. Er stieß nur noch unverständliche Laute aus: „... dschmtz ... Vomtschmitzlidsch ... zditschvlomm ... schkatzga ... kmaksakschkitzmat ... zmutzkintschaaarghghghhhh ..." Dabei umklammerte den Zauberstab in seinen Händen immer fester, bog ihn immer mehr ...

... und dann geschah es: Der magische Stab brach in der Mitte entzwei!

Entsetzt riss der Zauberer die Augen auf. Er brauchte einen Moment, um zu begreifen, was dies für ihn bedeutete. „Oh, das ist jetzt irgendwie schlecht!", konnte er gerade noch sagen, dann verwandelte er sich mit einem lauten Knall in eine grün leuchtende Säule, die langsam erlosch.

Von dem Magier, der so lange Angst und Schrecken verbreitet hatte, war nichts mehr übrig. Er hatte sich einfach in Luft aufgelöst.

Bernd zuckte zusammen. Er konnte kaum glauben, was er gerade mit eigenen Augen gesehen hatte. Aber hier in der Zauberschule hatte er ja schon einiges erlebt ...

Der Busch atmete erleichtert auf. Voller Bewunderung sah er seinen Freund an. „Bernd, woher wusstest du das?"

„Ich wusste das nicht, ich *wollte* es nur wissen."

„Ah ... ja." So richtig verstehen konnte Briegel diese Antwort nicht. „Trotzdem, danke, Bernd."

„Keine Ursache!"

Dumdidum hatte das ganze dramatische Geschehen in seiner Kristallkugel verfolgt. Nun hielt es ihn vor lauter Begeisterung kaum auf seinem Stuhl. So lange hatte er auf diesen großartigen Augenblick gewartet.

„Ja, ja, er hat es geschafft!", rief er. „Er hat Den-dessen-Namen-man-nicht-aussprechen-kann wirklich besiegt! Die Prophezeiung stimmt!" Keineswegs war Dumdidum sich da immer so sicher gewesen, in den endlosen Stunden, in denen er sich den Kopf über diese Sache zerbrochen hatte. Gedan-

Dumdidum ist begeistert: Die Welt ist gerettet!

kenverloren starrte er vor sich hin. Dann schüttelte er den Kopf.

„Eigentlich war es ganz einfach. Darauf hätte ich auch kommen können!"

Aber das spielte keine Rolle mehr. Nun hatte eben ein Brot diese Aufgabe übernommen. Dumdidum war vollauf zufrieden. „Nun gut. Das war das. Die Welt ist gerettet", stellte er fest und dachte kurz nach. „Was mache ich jetzt?" Eigentlich war alles erledigt.

Da blieb nur eins: „Ein Schläfchen!", seufzte er, kippte kopfüber nach vorne auf sein Pult und fing laut zu schnarchen an.

Eine Weile hatte Chili nach ihrem Aufprall gegen die Wand benommen auf dem Boden gelegen, doch dann war sie wieder zu sich gekommen. Sie rappelte sich auf und eilte schwer atmend zu ihren beiden Freunden hinüber. Zwar taten ihr einige Knochen weh, doch eine Kämpferin wie Chili ließ sich nicht so leicht unterkriegen.

„Oh, alles in Ordnung, Chili?" Briegel musterte sie besorgt.

„Ja, ja, alles okay. Diesen blöden Zauberer hätte ich auch noch geschafft. Trotzdem – danke, Berndi!" Sie streckte ihre Arme aus und drückte den völlig verdatterten Bernd an sich.

Mit solch überschwänglichen Gefühlsäußerungen konnte Bernd nicht umgehen. Er fühlte sich höchst unbehaglich. „Das ist mir zu nah!", stieß er hervor und schob das Schaf mit seinen viel zu kurzen Armen von sich weg.

Chili nahm ihm das kein bisschen übel, schließlich kannte sie das Brot. Berndi hatte eben so seine Eigenheiten ... Eines jedoch ließ ihr einfach keine Ruhe. „Wie heißt der denn jetzt wirklich, der Typ, dessen Namen man nicht aussprechen kann?"

„Ach, eigentlich ganz einfach ..." Briegel winkte lachend ab. „Er heißt Voltschdimsch ... Schimpftzinschtzisch ... nein, warte ... Tschompftschinzmi ..."

„Nein, ich weiß es, warte!" Nun versuchte Chili es selbst. „Volmgingklitsch ... Gingvlomtschkinz ..."

Bernd stand zwischen Chili und Briegel und blickte verständnislos zwischen ihnen hin und her. Auf solch eine Idee konnten wirklich nur der Busch und das Schaf kommen!

Die beiden versuchten immer und immer wieder, den unaussprechlichen Namen herauszubekommen.

Ein aussichtsloses Unterfangen, so viel war Bernd längst klar.

„Es gibt nur zwei Leute auf dieser Welt, die nicht wahnsinnig werden, wenn sie versuchen, den Namen auszusprechen: Die, die schon so wahnsinnig sind, dass es wahnsinniger gar nicht mehr geht."

Noch einmal blickte er viel sagend zwischen den beiden hin und her. „Irgendwie beruhigend – aber nur irgendwie. Mist."

KI x KA SHOP

Bernd das Brot XXL
Größe: 50 cm aus Lederimitat mit ZERTIFIKAT. Dieses Zertifikat garantiert die Echtheit und Qualität dieser besonderen Figur aus Bad Kösen. Nur 1000 Exemplare wurden weltweit produziert.

Schlüsselband „Bernd das Brot"
z.B. zum Umhängen um den Hals

Bernd Tasse
Bernd auf dem Misthaufen: „Jeden Morgen der gleiche..."

Alles rund um deinen **Lieblingssender** findest du im Internet unter **www.kika-shop.de**.
Telefonisch kannst du auch unter **0361/24093033** bestellen, aber natürlich nur mit Erlaubnis deiner Eltern!

© Kinderkanal ARD/ZDF 2004 licensed by BAVARIA SONOR, Bavariafilmplatz 8, D-82031 Geiselgasteig

KIKA SHOP

Bernd T-Shirt
In den Größen 164, S, M, L, XL und XXL erhältlich.

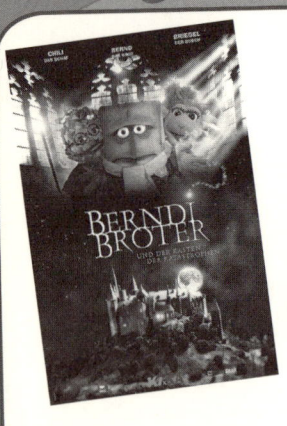

Berndi Broter DVD
Magischer Comicspaß! Bernd bekommt eine Einladung von der legendären „Blockharz Zauberschule". Laufzeit: ca. 83 Minuten

Drei für Robin Hood DVD
„Gold für die Armen, aber das Brot bleibt hier" – so lautet die Devise in Robin Hoods tapferer Bande. Laufzeit: ca. 85 Minuten

Rockt das Brot DVD
In dieser Spielfilmversion des aus Chili TV bekannten Mehrteilers „Rockt das Brot" entdeckt Bernd seine Liebe zur Musik. Laufzeit: ca. 83 Minuten

Alles rund um deinen **Lieblingssender** findest du im Internet unter **www.kika-shop.de**.
Telefonisch kannst du auch unter **0361/24093033** bestellen, aber natürlich nur mit Erlaubnis deiner Eltern!

© Kinderkanal ARD/ZDF 2004 licensed by BAVARIA SONOR, Bavariafilmplatz 8, D-82031 Geiselgasteig